사회적 자본과 청소년 NGO

안 병 일

도서출판 대영문화사

머리말

일반적으로 국가가 달성해야 하는 많은 과제 중에는 물적 자원이나 인적 자원의 동원으로 해결할 수 없는 복잡다양한 상황이 전개되고 있는데, 이러한 물적·인적 자원들의 부족한 점을 상호 보완하기 위해 높은 수준의 사회적 자본 형성의 필요성이 제기되고 있다.

사회적 자본은 물적 자본, 인적 자본과 더불어 제3의 자본으로 대두되고 있다. 여기에서 사회적 자본은 인간 관계상 협력을 촉진시키는 일체의 사회적 자산을 포괄하여 지칭하는 것으로서 사회적 협력을 촉진시키는 제도, 규범, 관계망, 신뢰 등을 포함하는 것으로 이해된다.

우리나라의 경우 국가 비전 수립에서 사회적 자본이 중요하게 고려되고 있으며, 이러한 사회적 자본의 확충은 성장 동력 확충, 인적 자원의 고도화, 사회복지 선진화, 능동적 세계화 전략과 함께 5대 전략 과제로 제시되고 있어 그 자체로 중요한 정책 목표이면서 여타 전략 과제들과 중요한 연관 관계를 형성한다.

1985년 이후 UN을 비롯한 선진 각국에서는 새로운 21세기 지식사회에서 요구되는 사람과 지식을 모든 가치의 최우선적 중심에 두고 새로운 인재를 육성하는 데 주력하고 있다.

이는 장래 사회인으로서 건전한 협력적 사회생활을 영위할 잠재력을 가지고 있는 단체를 대상으로 하여 성장 과정 중에 건전한 청소년 활동, 청소년 복지 증진, 청소년 보호 등을 정책적으로 지원함으로써 미래의 국가 성장잠재력을 증진시키려는 데 그 의미가 크다.

따라서 청소년기에 청소년단체 활동을 통해 사회적 자본을 능동적으로 형성하고 축적·활용할 수 있다는 것은 상대적으로 같은 시기에 청소년단체 활동에 대한 참여 경험이 없는 계층과 비교해 볼 때 그 의미를 더욱 부각시킬 수 있다.

이러한 관점에서 청소년단체 활동이 사회적 자본의 형성에 어떠한 상관 관계가 있는지를 사회적 신뢰, 상호 호혜적 규범, 네트워크(관계구조), 민주시민 의식에 대한 범주로 구분해 그 차이를 살펴보고자 했다.

그 결과로서 사회적 자본 형성을 위해 청소년단체 활동을 주도하고 있는 청소년단체의 역할에 대한 중요성을 부각하여 이들 활동을 적극적으로 지원하고 장려할 수 있는 정책적인 부분을 제안하고자 했다.

청소년 활동은 대부분 자발적인 선택과 참여에 의해 이루어지는데 청소년들이 주도적으로 참여하고, 다양한 역할의 습득이 이루어지며, 사회참여의 기회를 얻게 되어 사회적 자본의 형성에 중요한 상관 관계가 있게 된다. 즉, 이러한 활동을 통해 형성된 사회적 자본은 장래 청소년이 성인으로 성장하여 건전한 사회활동을 영위하는 데 자립의 가능성을 높여 주고, 선진화된 민주 시민사회에서 수준 높은 사회구성원으로서의 모습을 견지할 수 있다는 점에서 그 의미를 부각시킬 수 있다.

이러한 청소년 활동을 주도하고 있는 대부분의 청소년단체는 민주시민으로서의 자질 향상과 사회적 역량의 개발, 사회 참여 의식의 제고, 상호 호혜적 인간 관계의 형성, 건전한 국가관·가치관의 정립 등 사회적 자본이 의미하는 내용과 상당히 합치되는 목적을 지향하고 있다.

이 책의 주된 목적 중의 하나가 특히 한국 청소년단체 활동에 대한 이해를 높이고, 새로운 거버넌스 시대를 맞이하여 한국 청소년단체 활동의 패러다임의 전환을 추구하기 위해 시도된 작업이기도 하지만 이 책의 많은 부분에서 저자의 의도와는 달리 미흡한 부분이나 논란을 일으킬 여지가 있을 것으로 생각된다. 이 모든 것이 저자의 부족함에 기인하는 것이기에 모든 비판을 겸허히 수용하고자 한다.

지금의 본인이 있게 해주신 분들이 너무나도 많다. 항상 격려와 용기를 북돋워 주시는 어머님, 장인어른과 장모님, 밤늦게 귀가하는 남편에 대해 불평 한마디 없는 아내, 이해심 깊고 발랄한 딸 예림이, 무뚝뚝하면서도 아빠의 말을 잘 받아 주는 아들 재경에게도 지면을 빌려 고마움을 표하고자 한다.

끝으로 부족한 저를 위해 바쁘신 데에도 학문적으로 많은 도움을 주고 계시는 명지대학교 임승빈 은사님께 고맙다는 말씀을 올리고 싶다. 또한 어려운 출판 여건 속에서도 흔쾌히 출간을 허락해 주신 대영문화사 임춘환 사장님과 보잘것없는 원고를 아름답게 다듬어 준 편집부 여러분께 다시 한 번 감사드린다.

2013년 1월

안병일 씀

차 례

제 1 장 사회적 자본의 대두와 청소년단체 활동

제 1 절 사회적 자본의 대두

사회적 자본(social capital)은 인간 관계 속에서 발생하는 것으로 개인, 집단, 사회, 국가 등의 목표를 달성하는 수단으로 강조되는 무형재이다. 사람들 사이의 협력은 어떻게 가능할까? 사회적 자본을 연구하는 대부분의 학자는 협력이 가능한 사회, 질서와 규범, 신뢰가 있는 사회가 발전한다고 실증적·논리적으로 증명하고 있다(임승빈, 2009: 3).

일반적으로 국가가 달성해야 하는 많은 과제 중에는 물적 자원이나 인적 자원의 동원으로 해결할 수 없는 복잡다양한 상황이 전개되고 있는데, 이러한 물적·인적 자원들의 부족한 점을 상호 보완하기 위해 높은 수준의 사회적 자본 형성의 필요성이 제기되고 있다.

사회적 자본은 물적 자본, 인적 자본과 더불어 제3의 자본으로 대두되고 있는데, 일종의 관계재(a relational being)로서 그동안의 다양한 경험적 연구에 따르면 어떤 문제의 해결에 물질적 자본이나 인적 자본 외에 반드시 필요한 필수적인 요소라고 보고 있다.

여기에서 사회적 자본은 인간 관계상 협력을 촉진시키는 일체의 사회적 자산을 포괄하여 지칭하는 것으로서 사회적 협력을 촉진시키는 제도, 규범, 관계망, 신뢰 등을 포함하는 것으로 이해된다(김태종 외, 2006: 11).

따라서 우리의 경우 국가 비전 수립에서 사회적 자본이 중요하게 고려되고 있으며, 이러한 사회적 자본의 확충은 성장 동력 확충, 인적 자원의 고도화, 사회복지 선진화, 능동적 세계화 전략과 함께 5대 전략 과제로 제시되고 있어 그 자체로 중요한 정책 목표이면서 여타 전략 과제들과 중요한 연관 관계를 형성하고 있다.

1980년대 후반부터 사회적 자본에 대한 연구가 집중적으로 이루어지기 시작했는데 사회적 자본은 경제적 자본, 인적 자본과는 다르게 실제로 보이지는 않지만 새롭게 부각되고 있는 자본의 형태로 사회 발전의 중요한 원동력으로 인식된다(장시준, 2006: 1).

이러한 사회적 자본은 구직 활동과 같은 개인적 차원의 문제에서부터 경제조직의 효율성, 국가의 경제 발전에 이르기까지 근래에 관심을 집중시키고 있는데, 그 중요성에도 불구하고 정책 패러다임에서 경시되어 왔던 분야로 정책 개발에 대한 역사는 매우 일천한 상황이다.

사회적 자본은 사회생활상 각 부문의 발전을 촉진할 수 있는 중요한 자원으로 인식되며, 이를 다양한 분야의 발전에 접목시키려는 노력은 끊임없이 시도되고 있다.

이러한 사회적 자본에 대한 지대한 관심의 폭증은 기본적으로 사회적 자본과 공동체적 삶의 관계에 기초하여 이루어지고 있다. 실질적으로 선진국과 같이 사회적 자본에 대한 높은 평가를 받고 있는 공동체에서는 경제 발전과 같은 총체적인 복지 수준이 증가되고, 정치 기구가 효과적으로 작동되고 있으며, 사회범죄율이 상대적으로 낮고, 비행 청소년이 줄어들고 있으며, 복잡한 사회문제가 줄어든다(백명자, 2006: 1).

이러한 결과는 사회적 자본이 정보 공유의 역할을 하여 시장실패를 최소화하고, 상호작용을 통한 사회구성원들 간의 신뢰를 회복하게 하는 조정 역할을 하며, 집단적 의사결정을 통해 외부 효과를 창출하는 역할을 하기 때문이다. 사회적 자본이 없다면 대체로 사회는 발전 지향적인 삶을 영위하는 과정에서 위기 상황에 처할 가능성이 높아지게 되고, 경제적 성장이나 지속 가능한 발전을 위한 환경 보호, 복지국가의 건설 등을 어렵게 할 수 있다.

이러한 사회적 자본은 일차적으로 신뢰, 상호 호혜적 관계의 유지, 협력과 관계가 있는 일련의 민주시민으로서의 가치와 태도를 구성할 수 있는 토대를 제공해 준다.

사회적 자본이 축적된 사회는 구성원들 간의 신뢰와 상호 관계가 활발해져 구성원의 개인적 행복감을 증진시키는 동시에 사회적으로 거래비용을 최소화시켜 경제 발전을 용이케 하며, 각종 정부정책에 대한 침투 효과를 증대시켜 정치의 효율성을 높일 수 있게 된다.[1)]

우리나라의 경우에는 사회적 자본이 주로 집단 형성이나 인재 선발에 활용되며, 혈연·지연·학연 등과 같은 비제도적인 사회적 자본에 의해 많은 영향을 받고 있다(주성수, 2000a).

이러한 형태의 사회적 자본은 끈끈한 신뢰를 바탕으로 강한 연대를 보임으로써 집단의 응집력과 생산성은 어느 정도 극대화시킬 수 있으나, 다른 사람의 참여를 제한하거나 여타 사회집단과의 협력적 관계에서는 부정적인 결과를 초래할 수밖에 없다.

반면, 사회단체나 청소년단체 등 사회 공공성에 기반을 둔 개방적이고 유연한 제도적 사회적 자본은 다양한 사회 참여와 적극적인 상호작

---

1) 일반적으로 물적 자본은 수확 체감의 법칙이 적용되고 있으며, 인적 자본은 저출산 등으로 한계를 드러내고 있는 반면, 사회적 자본은 잠재성장률을 제고할 수 있다는 점에서 중요성이 강조된다.

용을 통해 형성되기 때문에 이러한 비제도적 사회적 자본이 가지고 있는 한계를 극복할 개연성이 높다.

다만 사회적 자본의 부정적 측면으로 외부인에 대한 배타주의 집단 일원에 대한 지나친 요구, 개인주의에 대한 제한, 규범 수준의 하향화를 제기(Portes, 1998: 43-67)하고 있는데, 이러한 지적도 사회적 자본의 적합한 분류를 통해 일종의 합리화나 미화의 도구로 무차별적인 사용 가능성에 대한 경계 차원에서 지적하는 것이라 볼 수 있다.

제 2 절 청소년단체 활동

사회적 자본은 사회구성원이 더불어 살아갈 수 있는 능력을 의미하는 것으로 상호 이익을 도모하기 위한 조정과 행동을 용이하게 해주는 네트워크, 상호 호혜적 관계 및 사회적 신뢰와 같은 사회조직의 특징과 관련이 크다.

다시 말해, 사회적 자본은 사회구성원들의 바람직한 행동을 유도하여 사회구조의 효율성을 높임과 동시에 사회생활에서 발생하는 다양한 부정적인 모습을 개선할 수 있는 방편으로 동원될 수 있는 종합적인 사회재화라고 볼 수 있다.

사회적 자본을 연구하는 대부분의 학자는 협력이 가능한 사회, 질서와 규범, 신뢰가 있는 사회가 발전 가능성이 높다고 실증적·논리적으로 증명하고 있다(임승빈, 2009: 3). 이러한 맥락에서 볼 때 사회적 자본을 형성하기 위한 노력은 현대 사회에서 절대적으로 요구되는 것으로, 이미 사회인으로 활동하고 있는 계층에 대해 새로운 분위기 쇄신을 위한 노력은 상당한 기회비용을 요구하게 되며 현실적으로 많은 어려움을 안고 있는 것이 사실이다.

이에 따라 청소년기에 속해 있는 계층을 대상으로 성장 과정 중에 청소년단체 활동을 적극 장려하여 장래의 사회적 자본을 확충하기 위한 정책적인 노력을 경주하여 성장잠재력을 도모하는 것은 지극히 현실적으로 실현 가능성이 높으며, 이를 통해 미래 사회의 지속적인 발전 가능성을 기대해 볼 수 있다.

1985년 이후 UN을 비롯한 선진 각국에서는 기존의 사회 발전 논리에 대한 한계를 경험하게 됨으로써 새롭게 요구되는 사회적 환경의 변화에 부응하기 위해 청소년[2)]에 대한 사회적 인식 전환의 필요성을 제기하여 청소년 정책의 중요성을 강조하고 있다.

즉, 선진 각국에서는 새로운 21세기 지식사회에서 요구되고 있는 사람과 지식을 모든 가치의 최우선적 중심에 두고 새로운 인재를 육성하는 데 주력하고 있다. 이는 장래 사회인으로서 건전한 협력적 사회생활을 영위할 잠재력을 가지고 있는 집단을 대상으로 하여 성장 과정 중에 건전한 청소년 활동, 청소년 복지 증진, 청소년 보호 등을 정책적으로 지원함으로써 미래의 국가 성장잠재력을 증진시키려는 데 그 의미가 크다고 할 수 있다.[3)]

청소년단체 활동은 성장기에 스스로의 선택에 의해 참여하여 자기 주

2) 청소년은 일반적으로 아동복지법상에서는 18세 미만의 자, 청소년기본법에서는 9~24세, 사회 일반적으로는 영유아·아동(6~13세)을 제외한 청소년(14~23세), 초·중·고교생에 해당하는 정신적·육체적으로 미성숙하나 한창 성장 단계에 있는 젊은 사람이나 집단, 부모에게 의존하고 보호가 필요하며, 가정, 학교나 사회의 규범, 지침, 문화 등에 의해 크게 좌우될 수 있는 집단에 속해 있는 자를 지칭한다(최상한, 2006: 3).

3) 청소년단체 활동의 의의는 학생들에게 큰 꿈을 갖게 하고 끊임없는 노력을 통해 자아를 발전시켜 나가는 희망교육 실현을 위해 어릴 때부터 단체활동 참여를 통해 협동심을 배양하고 사랑이 넘치는 공동체 의식을 함양하고, 올바른 가치관과 건전한 국가관을 지닌 세계 일류를 지향하는 글로벌 인재로 성장할 수 있도록 적극적인 활동을 조장하는 데 있다(청소년기본법 제9조, 제23조).

도와 자율성을 바탕으로 다양한 역할과 상호작용을 경험하고, 이를 통해 장래 사회구성원으로서 사회·경제적으로 자립에 필요한 사회재화(관계구조)를 확대할 수 있게 된다.

이와같이 청소년기에 청소년단체 활동을 통해 사회적 자본을 능동적으로 형성하고 축적·활용할 수 있다는 것은 상대적으로 같은 시기에 청소년단체 활동에 대한 참여 경험이 없는 계층과 비교해 볼 때 그 의미를 더욱 부각시킬 수 있다.

다시 말해, 청소년단체에의 활동은 참여자로 하여금 자신을 좀 더 능력 있는 시민으로의 성장 가능성을 높일 수 있으며, 협조와 협동의 습관 및 공적 관계성을 고취시킬 수 있고, 민주적인 사회 규범을 좀 더 적극적으로 지지할 수 있는 가치관을 학습하여 사회적 자본의 형성에 유리한 여건을 조성할 수 있게 된다.

제 2 장 사회적 자본에 대한 이론적 접근

제 1 절 사회적 자본의 개념과 연구 동향

1 사회적 자본의 개념

오늘날 사회적 자본의 연구와 가장 유사한 논리를 표명한 사람은 뒤르켐(É. Durkheim)이라고 할 수 있는데, 그는 국가가 유지되기 위해서는 개인과 국가 사이에 이차적 집단이 존재하여 개인들을 사회생활로 끌어들일 수 있어야 하며, 개인들의 행위는 공동체의 속성과 별개로 이해될 수도 없다는 점을 강조했다(김승현, 2008: 67-68).

결국 사회적 자본이란 사람과 사람 사이의 협력을 촉진시키는 일체의 사회적 자산을 포괄하여 지칭하는 것으로 볼 수 있다.

프랑스의 정치학자인 토크빌(A. de Tocqueville)은 사회적 자본이라는 표현을 처음 사용한 사람으로, 1835년 미국을 방문하고 돌아와서 독립 초기 미국 사회의 시민들이 자발적 결사체(voluntary associations)를 조직하여 서로의 필요를 채워 주고 공공의 이익을 추구하는 성향이 있다고 파악되었는데 이를 가리켜 사회적 자본이라 명명했다(서순탁, 2001).

그는 지역사회 수준(level of community)에서 접근하여 사회적 자본을 지역사회 정신, 지역사회 공동의 문제에 대한 자발적인 참여(civic engagement), 공공재(common good)에 대한 개인적 책무와 소속감을 의미하는 용어로 사용했다.

토크빌은 미국 사회의 시민적 연대감과 개인주의 간의 긴장 관계가 사라질 가능성이 있다고 경고했다. 그러나 토크빌이 접근한 사회적 자본은 농경사회를 기초로 한 중상주의 경제 체제에서 발견된 것이었음에 주의할 필요가 있다.

이어 20세기에 들어와서 문헌상으로 가장 먼저 사회적 자본이라는 용어를 사용한 사람은 하니판(L. J. Hanifan)[1]이지만 이 개념에 대한 학술적인 관심이 높아진 것은 1980년대 후반에 이르러서였다.

부르디외(P. Bourdieu)는 정책과 사회과학의 영역에서 학술적 관심을 지배하고 있는 경제학자들로 인해 사회생활의 영역이 비교적 등한시되고 있다고 주장하면서, 자본도 경제적 자본뿐만 아니라 문화적 자본과 사회적 자본이 존재한다[2]고 보고 있다. 그는 사회적 자본을 친근감이나 상호 인지적 관계가 제도화되거나 혹은 지속적인 연결망 때문에 개인이나 집단이 실제적으로 혹은 가상적으로 얻게 되는 혜택이나 기회의 총합이라고 정의했다.

---

1) 하니판은 사회적 자본을 선의, 우정, 동정, 개인 간 사교, 사회적 단위를 이루는 가족이라고 보았다(Hanifan, 1920).

2) 프랑스의 사회학자인 부르디외는 자본이 사회생활에서 일종의 힘의 형태이며, 경제적 자본, 문화적 자본, 사회적 자본으로 볼 수 있다고 한다. 사회적 자본은 사회 관계성(connectedness, 사회력)으로 되어 있으며, 몇몇 조건에서는 경제적 자본으로 전환될 수 있고 지속적인 사회 교환에 바탕을 두는 네트워크라고 한다. 여기에서 중요한 요소는 사회 네트워크와 사회 관계성이다. 사회 네트워크는 구축되어야 하고 행위자가 네트워크의 자원을 이용하기 위해 네트워크를 유지해야만 한다고 보고 자본 축적의 전략으로 사회적 자본을 강조하고 있다(Bourdieu, 1986: 248-250).

콜먼(J. S. Coleman)은 특히 사회적 자본이라는 용어를 최근에 가장 널리 사용하게 한 이로서 정확하지 않게 개념 정의를 내리고 있지만 개인의 사회적 연대로부터 나타나는 개인들의 자원을 설명하기 위해 이 용어를 사용하고 있다(Coleman, 1988: 94-121).

특히 콜먼은 경제학자인 로리(G. Loury)[3]의 관점에 따라 가족 관계와 지역사회의 조직 속에서 사회적 관계에 내재하는 일련의 자원으로 간주했다. 즉, 신뢰와 연결시켜 다차원적으로 정의하고 있다. 콜먼은 사회적 자본을 이해할 때 기능주의적인 관점을 취하고 있다. 그에게 사회적 자본은 하나의 실체가 아니라 다음과 같은 두 가지 특징을 갖는 복합적인 실체로 이해된다. 하나는 사회구조 내에서 개인의 특정 행위를 촉진시킨다는 점이며, 다른 하나는 다른 유형의 자본(예: 인적 자본, 물적 자본)과 마찬가지로 사회적 자본 또한 특정 목적의 달성을 가능하게 한다는 점에서 생산적인 개념으로 이해했다. 그는 특정 행위를 촉진시키는 사회적 자본은 유익하지 않거나 심지어는 다른 사람에게 해로울 수도 있다고 보고 있다.

또한 여타 자본과는 달리 사람들 사이의 관계구조 속에 사회적 자본이 내재하고 있는 것으로 보고 있다(이창기, 2004: 443).

다시 말해, 개인이나 사회구조 안에 있는 것이 아니라 사람과 사람들 사이의 공간 안에 존재하는 것이며, 사회적 자본은 특정 조직, 시장, 국가의 전유물이 아니다.[4] 콜먼은 사회적 자본의 기능을 거래비용의 감소,

---

3) 1977년 경제학자인 글렌 로리(Glenn Loury)는 사회적 자본을 인종적 불평등을 분석하는 기초 개념으로 적용했다. 사람들의 삶의 기회는 부모의 사회적 자원뿐만 아니라 부모의 인종집단이 지닌 사회자원에 의존한다고 그는 강조한다. 소수민족 출신의 아이들이 상향 이동을 위해 노력할지라도, 사회적 자본에서 이 같은 불평등이란 장애물을 극복하기 어렵다는 의미이다. 미국 사회의 인종불평등 분석에서 사회적 자본을 중시해야 한다는 것이었다(Loury, 1977).

4) 벤포라스(Y. Ben-Porath)는 이러한 사회적 자본이 가족, 친구, 기업을 중심으로 형성된다고 하여 F-connection이라고 명명한 바 있다(Ben-Porath, 1980: 1-29). 또한 그래노베터(M. Granovetter)는 신뢰를 쌓고 기대를 형성하고 규범을 정립하

정보 소통의 통로, 도덕적 규범의 강화를 통한 공공재의 공급 등으로 제시하고 있다(황영호·박종관, 2004: 185).

본격적으로 사회적 자본에 대한 연구에 세계적인 관심을 집중시킨 시기는 퍼트남(R. D. Putnam)의 저술[5])이 등장하게 되면서부터이고 이로 인해 사회적 자본을 사회과학 학회 전반에 새로운 패러다임으로서 제시하게 했다(주성수, 2000a: 120). 그는 집합적 행위의 딜레마를 극복하거나 자기 스스로 기회주의를 배격할 수 있느냐는 한 사회가 갖고 있는 사회적 자본에 달려 있고, 공공 이슈에 대한 시민적 관여 네트워크(civic engagement)와 상호부조와 같은 규범의 형태로 사회적 자본 스톡이 전승되고 있는 지역에서 자발적인 협력이 훨씬 쉽게 일어난다고 보고 있다.

이러한 의미에서 퍼트남의 사회적 자본 개념은 협동적 행위를 촉진시킴으로써 사회의 효율성을 제고하는 신뢰, 규범, 네트워크를 의미한다고 파악할 수 있다.

이러한 관점에서 이탈리아 지방정부들의 자치 효과를 비교해 본 결과 성공적인 지방자치는 주로 북부 이탈리아 지역에 위치한 지방정부에서 이루어지고 있는데 그 이유는 수평적 결사체에 대한 참여 수준이 높게 측정되어 사회적 자본이 높은 수준으로 형성되고 있기 때문이었다. 이에 비해 남부지역의 경우에는 타인에 대한 불신의 정도가 높고 수평적 조직에 대한 참여 수준도 낮을 뿐만 아니라 사회조직들에서 주로 위계적인 특징들이 관찰되었다(김승현, 2008: 68).

그의 이러한 연구 결과로서 제도는 정치에 영향을 주며, 역사(history)

는 데 구체적인 개인 간의 관계와 관계망(networks of relations)이 중요하다는 생각에서 이를 가리켜 사회적 관계의 착근성(embeddedness of social relations)이라 했다(Granovetter, 1985: 481-510).

5) R. D. Putnam with R. Leonardi & R. Naneffi, *Making Democracy Work: Civic Traditions in Modern Italy*(Princeton N. J.: Princeton University Press, 1993).

에 의해 조건이 형성된다는 점에서 신제도주의적 접근과 맥락을 같이한다고 보고 있으며, 제도의 실제 성과는 사회적 상황(social context)에 따라 결정적인 영향을 받게 된다.

따라서 사회적 자본은 전통적인 자본과는 달리 개인 재산이 아니라 공공재이며 사회적 자본은 축적되고, 공동의 이익을 위해 협력할 수 있는 사회적 역량이므로 사회적 자본의 합은 궁극적으로 자기 강화를 증대하는 경향이 있다고 보고 있다.

후쿠야마(F. Fukuyama) 역시 사회적 자본의 개념으로 국가경쟁력의 원천인 신뢰를 강조하여 이를 통한 경제 발전의 가능성을 설명하고 있다. 그는 사회적 자본을 둘 이상의 개인들 간의 협력을 촉진하는 비공식적인 규범으로 이 규범들은 실제적인 인간 관계 속에서 구체화된다고 했다.

이러한 규범이 사회적 자본이 되려면 집단 내의 협력을 이끌 수 있어야 하므로 이들은 정직, 공동체의 유지, 의무나 호혜성의 준수 등과 같은 전통적인 덕목과 관련을 갖는다고 보았다.

그에 따르면 대부분의 경제학자는 자유주의 모형과 개입주의적인 모형을 대비시켜서 북미와 아시아의 경제 성장의 정도를 비교·설명하고 있지만 이는 사회적 자본의 중요성을 알지 못하는 설명이라고 주장하고 있다.

사회적 자본의 관점에서 보았을 때 미국과 일본은 타인에 대한 신뢰가 높은 국가이고, 이러한 점이 이 두 국가의 높은 경제 성장을 설명하는 요인이라고 주장한다.

다시 말해, 각 사회가 지니고 있는 신뢰의 정도가 그 사회의 경제적 특징을 결정짓게 되고 경제 발전의 중요한 관건으로 작용할 수 있다고 보는 것이다.[6] 산업구조에서 이러한 특징은 한 사회 내에 존재하는 신

6) 다시 말해, 고신뢰 사회에 해당하는 독일과 일본 그리고 미국은 가족의 울타리를

뢰의 수준의 차이에서 비롯된다고 보고 있다.

그의 주장의 중심에는 시민사회가 상정되어 있으며 가족과 국가 영역 사이에 존재하는 중간 규모의 민간조직을 시민사회의 중요한 축으로 상정하고 있다. 이러한 그의 주장은 자발적인 그룹 또는 단체의 미학에서 출발한다. 즉, 단체를 형성하는 능력은 기본적으로 신뢰에 기초할 수밖에 없고, 그렇게 생긴 단체는 그 구성원으로 하여금 함께 일하는 습관을 갖게 하고 생산성을 증대시킨다고 보고 있다. 어떤 사회가 가족 구성원이 아닌 타인을 신뢰할 수 있는 능력을 가지고 있다면, 이 사회에서는 경제적 번영에 원동력이 되는 사회적 자본이 자연발생적으로 형성된다는 논리이다.

세라지딘(I. Seragedin)과 그루타어트(C. Grootaert)는 퍼트남이 제기한 수평적 관계와 콜먼이 확대한 수직적 관계에 더해 정부, 정권, 사법제도 등을 포함하는 제도적인 관계와 시민의 정치적 자유 등과 같은 공식화, 제도화된 관계와 구조를 포함하기도 한다(Seragedin & Grootaert, 2000: 40-58).

이러한 사회적 자본은 몇 가지 다른 개념 및 이론과 관련을 맺으면서 분석되고 있다. 주로 사회적 자본의 원인보다는 효과와 영향에 초점을 둔다. 우선 신뢰라는 개념을 중심으로 경제적 성장과 사회적 자본을 연결시키는 것이 그 하나이고, 다른 하나는 사회적 자본이 성장, 빈곤 탈출 등 사회 개발에 많은 영향을 준다는 것이다. 또한 사회적 자본과 시민사회를 연결시키기도 하고 시민의 정치 참여와 함께 분석하기도 한다(백명자, 2006: 12-13).

넘어선 사람들을 신뢰할 수 있는 능력을 구성원들이 가지고 있어, 전문경영인이 관리하는 대규모 민간기업이 다수 존재하게 된다고 주장했다. 반면에 프랑스, 이태리, 중국과 같은 저신뢰 사회에서는 가족이 아닌 다른 사람들을 신뢰할 수 없는 관계로 가족들끼리 경영하는 작은 규모의 기업이 존재하거나 국가 소유 또는 국가 지원을 받는 기업이 많다는 것이다.

이와같이 사회적 자본에 대한 학자들의 견해를 통해 사회적 자본에 대한 개념을 종합해 다음과 같이 정리해 볼 수 있다.

첫째, 사회구조의 관계 속에서 물적 자원, 인적 자원과 마찬가지로 행위를 촉진시키거나 생산적인 결과를 유도할 수 있는 활용 가능한 자원이라는 점이다.

둘째, 다양한 관계 속에서 형성되는 신뢰감이나 상호 인지적 관계가 제도화되고, 지속적인 연결망이 형성됨으로써 개인이나 집단이 실질적으로나 잠재적으로 얻게 되는 이익이나 기회를 제공받을 수 있으며, 공공선을 추구해 나갈 수 있는 기조를 제공해 주는 자원이라는 점이다.

셋째, 사회 통합적 차원의 관점으로서 상호 이익을 위한 협력을 유도하여 공동체 유지를 위한 조화로운 행동 양식을 촉진시켜 사회적 유용성을 증진시킬 수 있는 중요한 자원으로서 역할을 수행한다는 점이다.

첫째와 둘째의 경우 사회적 자본이란 개인들이 처한 위치에 따라 다르게 나타나는 사유재로서의 특징을 강조하고 있는 반면에, 세 번째의 경우는 사회 및 집단의 공동 이익을 위해 개인의 이익보다는 상호 협조와 공익을 우선으로 두어 사회 단위를 효과적으로 유지시켜 줄 수 있는 하나의 핵심적인 역량으로 파악한 것이다. 즉, 사회적 자본은 사유재의 특성과 공유재의 특성을 모두 가지고 있다(백명자, 2006: 13).

따라서 사유재적 특성에 초점을 두면 사회적 자본이란 사회구조 속의 행위자의 목적을 달성하기 위해 행위를 촉진시키는 메커니즘이라고 할 수 있다.

이러한 메커니즘 속에는 콜먼이 제시한 사회적 의무와 기대, 정보 유통 채널, 규범과 제재, 자발적인 조직 등이 모두 포함되므로 좀 더 일반적인 정의라고 평가할 수 있다. 다만 사회구조를 의미하는 분석 수준과 가치의 우선순위에 따라 그 세부적인 메커니즘은 다르게 나타날 수 있을 것이다.

종합해 보면, 사회적 관계를 통해 형성되는 사회적 자본은 분야마다 각기 달리 표현되고 있음에도 불구하고 여러 면에서 생산적임을 알 수 있다. 기업의 네트워킹을 촉진시키고 빠른 정보의 흐름과 더욱 기민한 거래를 촉진시켜 경제적 번영에 크게 기여한다. 또한 지역사회가 안고 있는 문제에 대해 이해관계자들 간 협력을 통해 해결할 수 있는 문화적 힘을 제공해 주기도 한다.

사회적 자본의 위력은 시민들에게 문제 해결을 위해 직접 참여하여 행동할 수 있도록 하는 실용적인 기술을 탄생시킨다는 데 있다. 이렇게 하여 주민협의회, 각종 사회 클럽, 시민단체, 교회 등은 사회적·경제적 필요를 충족시켜 준다. 그뿐만 아니라 사회적 자본은 공공재의 가치를 유지하고 높여 주는 데에도 필수적이다.

인간의 생활에 필수불가결한 공공재는 협동과 신뢰를 통해서만 유지되며 각각의 자기 이익 극대화를 추구할 경우 상실되는 재화이다. 삶의 질, 환경 보호, 교통 안전 등과 같은 공공재의 유지는 사회적 자본을 필요로 한다.

이처럼 사회적 자본은 경제 성장과 민주 발전, 그리고 현대 사회가 직면하고 있는 많은 공동 관심사의 해결에 크게 기여하는 핵심 개념으로 인식된다(임승빈, 2006: 6).

이러한 사회적 자본이 갖는 의의는 다양한 맥락에서 사용되고 있어 그 개념을 정의하기가 용이하지는 않다. 즉, 사회적 자본이 구체적으로 무엇을 의미하며 어떤 것들을 포함하는지에 대해서는 그동안 학자들 간 의견의 일치를 보지 못하고 지속적인 논쟁이 있어 왔다.

그러나 단순하게 접근해 보면 사회는 고립된 개인들로 구성된 것이 아니라 매개적 사회구조에 의해 서로 연관되어 있고 협동 체계를 구축하고 있는데, 이러한 일상적인 관계망 속에서 상호작용이 이루어지는 특징적인 현상을 의미하는 것으로 볼 수 있다.[7)]

따라서 사회적 자본은 사회적이라는 의미와 자본이라는 의미를 함축하고 있는 것으로서 개인보다는 사회적 관계 속에서 존재하며, 오랜 시간 동안 경제적 이익을 창출할 수 있는 자원으로서의 의미가 강하다고 볼 수 있다.

사회적 자본은 인적 자본과 비교하여 차이점이 존재하는데, i) 어떤 한 개인만이 소유하고 있는 개인적 특성이라기보다는 사람들 간의 관계에서 나타나는 것, ii) 집단에 의해 공유되며 공공의 성격을 가지고 있다는 것, iii) 관습이나 문화적인 영향을 절대적으로 받고 있다는 것 등을 지적해 볼 수 있다(김태준, 2003: 24).

김태준의 연구에 의하면, 사회적 자본에 대한 논의를 하기 위해 다음 네 가지의 접근 방식으로 나누고 있다.

첫째, 문화인류학적 접근에서는 사회적 자본을 인간이 소유하고 있는 결합(association)의 본능이라고 설명하고 있다. 예컨대 후쿠야마(F. Fukuyama)는 인간의 본성으로서 사회적 자본의 기원과 사회 질서에 관한 생물학적 기초를 강조한다.

둘째, 사회학적 접근에서는 사회적 자본을 사회적 규범이나 인간 동기의 근원으로 묘사하고 있다. 따라서 사회적 조직의 특징들로서 신뢰나 상보성의 규범 및 시민활동의 네트워크를 강조한다(김태준, 2003: 25).

셋째, 경제학적 접근에서는 사람들이 다양한 집단활동이나 타인과의 상호작용을 통해 얻어지는 사회적 자본을 활용하여 개인의 경제성을 증진시킨다고 보고 있다. 따라서 이 접근 방식에서는 사회적 자본을 개인들이 상황에 따라 활용해야 하는 하나의 투자전략으로 파악한다.

---

7) 사회적 자본에 대한 개념 형성은 19세기 고전적 사회학 분야에서 비롯된 것으로 파악해 볼 수 있는데, 그 범주로서 짐멜(G. Simmel)이 지적한 '호혜적 거래(reciprocal transaction)', 뒤르켐(É. Durkheim)과 파슨스(T. Parsons)가 강조한 '가치주입(value interjection)', 그리고 베버(M. Weber)의 '강제적 신뢰(enforceable trust)'가 사회적 자본과 일맥상통하는 의미로 표현되어 왔다(박희, 1998: 59-60).

넷째, 정치학적 접근에서는 인간의 행동을 형성하는 데 필요한 제도적·정치적·사회적 규범의 역할을 한다고 보고 있다.

최근 월드 뱅크(World Bank)의 입장 역시 이와 맥락을 같이하는데 지역 간 혹은 계층 간 빈부의 차이를 감소시키고 지속적인 성장을 위해 제도적 역할, 사회적 배분 및 신뢰나 사람들 간의 네트워크를 구축할 것을 강조하고 있다.8)

울콕(M. Woolcock)은 사회적 자본에는 밀착형(bonds), 결합형(bridges) 및 연결형(linkages) 세 가지 형태가 있다고 주장한다.

밀착형은 가족이나 종교집단 구성원들 간의 관계에서 전형적으로 나타나고, 결합형은 밀착된 관계는 아니지만 친구, 동료와 같은 동일한 사회적 위계나 지위를 가진 관계 속에서 형성되며, 연결형은 서로 다른 사회적 지위나 계층 간의 관계에 나타나는 형태를 의미한다.

이러한 형태의 사회적 자본은 개인과 지역사회가 공식적으로 존재하는 제도적인 틀을 넘어서 협동 체계를 구축하고 정보나 아이디어를 공유할 수 있는 능력을 나타내게 된다.

특히 밀착형 사회적 자본은 집단 구성원들 간의 강한 유대 관계나 이해 관계로 인해 자신의 집단 밖에 위치해 있는 다른 구성원들을 배타적으로 생각하게 되는 역기능을 나타내기도 한다.

예컨대 밀착형 집단으로 마피아조직, 테러집단 같은 경우에는 강한 상호 신뢰나 협동심을 가지고는 있으나 전체 사회적으로 볼 때에는 파괴적이거나 바람직하지 못한 목적에 관여하고 있다.

사회적 자본은 가정, 지역사회, 기업 그리고 국가, 지방정부 수준의 다양한 행정 단위나 제도들을 통해 형성되는 것으로 볼 수 있다(김태

8) World Bank, The Initiative on the defining, monitoring and measuring Social capital text of proposals approved for funding, *Environmentally and socially Sustainable Development Network*, Social Capital Initiative, Working Paper no.2, June, 1998.

준, 2003: 25-26). 그 내용을 구체적으로 살펴보면 다음과 같다.

첫째, 가정은 사회적 자본 형성의 일차적인 원천이 된다.

아동의 정서적인 안정이나 부모와의 원활한 상호작용은 신뢰나 협동, 혹은 학교 교육에서의 학습 습관과 밀접하게 관련되어 있다.

둘째, 사회적 자본이 일을 통해 형성되는 실제적인 장소는 기업이다.

여기에서 요구되는 협동, 학습, 네트워크 활동들은 기업 내 구성원들 간 혹은 기업 간의 다양한 활동을 통해 이루어지며 조직학습, 학습조직이라는 개념으로 강조되고 있다.

셋째, 다양한 형태의 자발적인 시민사회 조직들이다.

한 지역에서의 경제적 혹은 정책 수행 활동은 전통적으로 그 지역에 자리잡고 있는 시민사회나 이와 관련된 다양한 조직(스포츠클럽, 각종 협의체, 봉사조직, 노동조합 등)을 기반으로 이루어지고 있다.

이들은 밀착형 혹은 결합형의 사회적 자본을 형성하여 각종 제도들이나 정책들을 추진하는 데 영향력을 행사하게 된다. 이른바 수평적 네트워크를 통해 정부의 각종 생산 활동과 복지정책 및 제도를 더욱 효과적으로 뒷받침하게 된다.

넷째, 성(gender), 인종, 지역 감정 등 우리나라에서 상존하는 다양한 편견의 범주들도 사회적 자본의 중요한 원천이 될 수 있다.

특히 여성의 사회적 역할에 대한 관념은 사회적 자본의 형성에 중요한 기능을 하고 있다. 시민 활동, 정치적 참여 및 노동시장에서 다양한 차별의 문제로 등장하게 되며, 이에 대한 갈등 상황이 긍정적으로든 부정적으로든 영향을 미치게 된다.

이러한 논의들을 종합해 볼 때 사회적 자본은 집단 간 혹은 집단 내에서 형성되는 신뢰감이나 협동을 촉진하는 호혜적 규범, 가치 및 상호이해를 수반하는 네트워크, 풍요로운 공동체적 삶을 지향하는 민주 의식이라고 정의할 수 있다.

2 사회적 자본의 연구 동향

그동안 진행된 사회적 자본에 대한 연구들을 분석해 보면 다양한 측면에서 접근하여 문헌 중심으로 연구한 것과 경험적으로 연구한 것으로 분류해 볼 수 있는데, 이들 모두 미시적으로 특성화하여 진행되고 있음을 알 수 있다.

여기에서는 국내・외의 연구 동향에서 파악할 수 있는 특징적인 면을 구분하여 접근해 보고자 한다.

해외에서의 연구들은 대부분 경험적 접근을 시도하여 사회적 자본과 관련하여 논의가 다루어지고 있다.

그 특징들을 분류하여 정리하면 다음과 같다(백명자, 2006: 38-40).

첫째, 경제적 효율성의 측면에서 사회적 자본의 역할을 논의하는 접근 방법을 동원한 연구가 있다.

나크(S. Knack)와 키퍼(P. Keefer)는 후쿠야마의 시각에 기반하여 사회적 자본에 대한 논의를 경험적으로 분석하여 사회적 자본의 축적이 많이 이루어진 국가들이 높은 경제성장률을 보이고 있고, 사회의 경제적 성장을 위해서는 사회적 응집력이 중요하다는 점을 부각시킨다.

노스(D. C. North)와 올슨(M. Olson)은 국가에 따라 GNP의 차이가 발생하는 것은 생산자원의 분배에 의해 설명될 수 없고 공공정책을 포함한 제도와 다른 형태의 사회적 자본이 한 국가가 다른 형태의 자본으로부터 추출할 수 있는 결과를 결정한다고 주장한다.

둘째, 지역의 자발적 결사체와 관련하여 사회적 자본을 연구한 접근이 있다. 월퍼트(J. Wolpert)는 지역의 차이에 따라 단체활동의 차이가 어떻게 이루어지고 있는지에 관한 문제 의식을 해결하고자 했다.

그의 연구에서는 사회적 응집력, 집단의 역할, 장소에 대한 애착, 제도의 발달 등 단체의 성장을 돕는 사회적 자본과 관련된 몇 가지 요소를 제시하고 있다. 쇼(T. M. Shaw)는 연구 결과 아프리카 지역에 있는 단체들이 정부 활동이 후퇴하면서 시민사회를 육성시키고 활성화시키는 데 두드러진 역할을 한다고 분석하고 있다.

셋째, 민주주의의 정착이나 한계 극복의 측면에서 사회적 자본을 연구하려는 접근이 있다.

퍼트남은 민주주의 정착과 제도적 수월성을 확보하기 위해서는 사회적 자본의 형성이 중요하다고 지적한다. 그는 사회적 자본을 특정 사회에서 혹은 사회의 특정 부문에서 신뢰의 확산을 통해 생기는 능력으로 보고 있다.

민코프(D. C. Minkoff)는 사회적 자본이 면대면(face-to-face) 결사체에 의해 생기기도 하지만 면대면의 접촉을 요구하지 않는 제3의 조직에 의해서도 생성될 수 있다는 사실에 주목한다. 그러면서 사회적 자본이 시민사회와 사회운동을 활성화함으로써 간접 민주주의의 한계를 극복하는 중요한 자산이라고 주장한다.

넷째, 사회적 자본을 시민의 정치 참여와 밀접하게 관련이 있다는 측면에서 접근하는 입장이 있다.

이들의 관점은 시민의 정치 참여가 정치기관의 구조와 형태에 영향을 미칠 수 있으므로 사회적 자본을 중심으로 국가 발전을 위한 새로운 전략을 구성할 수 있다는 것이다. 대체로 사회적 신뢰와 주민들의 자발적인 참여는 상호 밀접한 관련이 있으며, 이러한 주민의 자발적 참여는 주민 간의 규범 및 네트워크를 형성하여 정부 성과에도 많은 영향을 준다고 분석하고 있다.

다섯째, 지역사회와 관련하여 사회적 자본을 측정하고 연구하는 접근이 있다. 퍼트남은 사회적 자본은 한 지역의 역사와 발전 과정, 지역의 특성에 의해 결정되는 것이지 개인적 특성과는 전혀 관련이 없다고 주장한다.

불렌(P. Bullen)과 오닉스(J. Onyx)는 지역사회에서의 사회적 자본을 측정·비교하는 연구를 수행했다.

후쿠야마는 사회 질서의 붕괴를 사회적 자본의 감소로 보고 그 원인으로 i) 빈곤의 심화와 소득불균형의 심화, ii) 근대 복지국가의 산물로서 정부정책의 실패, iii) 문화 변동의 결과, 즉 종교의 몰락과 지역사회에 대한 의무를 다하지 않으려는 개인주의적 성향의 팽배 등을 지적하고 있다.

국내에서의 연구들은 문헌 중심의 이론적 수준에서 논의하거나 사회적 자본이론에 근거를 둔 실증적 접근을 시도해 보는 것으로 대별되며, 나타나고 있는 특징별로 구분해 정리하면 다음과 같다(백명자, 2006: 40-42).

첫째, 사회적 자본의 개념, 연구의 필요성, 한계 및 국내외 연구 동향을 소개하는 접근이 있다.

박희봉(2002: 5-44)은 기존의 여러 연구를 검토하는 가운데 사회적 자본의 이론적 논점들, 즉 사회적 자본에 영향을 미치는 요인들을 검토하고 사회적 자본이 여러 조직(가족, 학교, 공공 및 사적 조직 등)뿐 아니라 정치 및 사회경제 분야의 발전에 기능하는 점들을 검토한 바 있다.

둘째, 사회적 자본의 개념과 논리를 특정 정책의 새로운 논리로 적용하거나 사회적 자본의 생성을 촉진시킬 수 있는 전략과 제도적 조건을 모색하는 접근이 있다. 우선, 사회적 자본을 지역사회 개발과 관련지어 연구하는 접근으로는 사회적 자본과 지역 개발의 패러다임 연구, 지역공동체와 사회적 자본의 연구(김남선·김만희, 2000: 1-30) 등이 있다.

다음으로 사회적 자본의 개념과 논리를 특정 정책의 새로운 논리로 적용하려는 경향을 나타내는 연구가 있다.

사회적 자본을 여성정책과 관련하여 다양한 네트워크 구축의 필요성을 제기한 연구(오철호, 2001), 정보통신 기술의 발달이 사회적 자본의 형성을 증진하고 정치 참여를 확대시키기 위해서는 사회의 신뢰 구축이 중요하다는 연구, 도시계획에서 사회적 자본 접근 방법의 하나로 협력적 계획모형을 제시한 연구(서순탁, 2001)와 경제 발전 연구(장수찬, 2001) 등이 있다.

셋째, 사회적 자본의 개념과 논리를 우리나라 지역사회나 지방정부에 적용하여 실증적으로 분석하기 위해 접근한 논리가 있다.

우리나라 지역사회의 사회적 자본 증진과 관련된 연구(박희봉 · 김명환, 2000), 사회적 자본 형성을 통한 교육공동체 협력 증진 방안(이창기, 2004), 지역정체성과 사회적 자본에 관한 연구(안성호, 2004), 동네 관련 사회적 자본의 영향 요인에 관한 연구(곽현근, 2003), 충청 · 호남지역의 사회적 자본의 실태와 형성 전략에 관한 연구(황영호 · 박종관, 2004), 지역사회 사회적 자본을 거버넌스 능력에 연결지어 실증적으로 접근한 연구(박희봉 · 김명환, 2000), 지역사회 주민조직 참여의 편익과 관련된 연구(곽현근, 2005) 등이 있다.

넷째, 사회적 자본을 우리나라의 신뢰와 관련하여 연구한 접근이 있다.

우선 우리 사회의 신뢰 위기를 체계적으로 제시하고 이 위기에 대한 해결책으로 사회적 자본으로서의 연결망 확대를 제시한 연구(박찬웅, 1998)가 있다.

또한 신뢰문제를 이익집단 간 갈등과 연계하여 이익집단 갈등에서 사회적 자본의 역할을 역설한 연구(박상필, 2000)도 있다.

그 다음으로는 사회 신뢰와 민주주의를 연계한 연구(장수찬, 2002), 사회적 자본과 관련하여 한국인의 신뢰 수준과 영향 요인을 연계시켜 접근한 연구(박희봉 외, 2002) 등이 있다.

다섯째, 기타 연구에는 시민단체 리더십과 조직사회 자본 간 관계 연구(유재원, 2000), 여성의 인적 · 사회적 · 심리적 자본에 관한 연구(유현숙, 2004), 조직 내 사회적 자본 형성과 관련하여 지적 사회적 자본 형성 및 효과에 관한 실증적 연구(김상묵 외, 2001), 사회적 자본 형성과 관련한 시민 의식을 측정한 연구(김태준, 2003), 청소년 집단활동 참여가 사회적 자본 형성에 미치는 영향에 관한 구조모형분석을 시도한 연구(조남억, 2008), 청소년단체 참여 활동이 사회적 자본 형성에 미치는 영향(안병일, 2008) 등이 있다.

제 2 절 사회적 자본 형성 요인과 청소년단체 활동 간 관계

1 사회적 자본의 형성 요인

사회적 자본은 모든 사회과학 분야에서 적용될 수 있는 개념으로 다양한 학문 영역에서 다루고 있지만, 서로 별개의 독립적인 개념으로 접근하고 있는 것이 아니라 서로 연관성을 가진 개념임을 강조해 볼 수 있다.

그것은 이전부터 논의되어 왔던 사회적 관계 혹은 사회구조화 과정을 좀 더 잘 이해할 수 있도록 숨은 변수(hidden variables)를 발굴하여 그 메커니즘을 설명하기 위한 새로운 시도에 불과하다.

앞서 사회적 자본의 등장 배경에서 살펴보았듯이 선구적 이론을 제시한 콜먼(J. Coleman)은 사회적 자본을 기능에 따라 정의한다.

그는 사회적 자본은 단일한 실체가 아니라 보통 두 가지 이상의 요소가 결합되어 이루어지고 있는 다양한 복합체이고 사회구조의 몇몇 측면을 구성하며, 구조 내에 속해 있는 행위자들에게 특정한 행동을 촉진시킨다고 본다.

또한 물질적 자본이나 인적 자본과의 대비를 통해 사회적 자본을 정의하고 있는데, 즉 관찰 가능한 물질적인 형태로 체화되어 만질 수 있는 도구, 기계, 생산설비 등을 물질적 자본으로, 개인 내면에 체화되어 있는 기술이나 지식 등은 인적 자본으로, 그리고 사람들 사이의 신뢰 관계에 내재한 것은 사회적 자본으로 파악한다. 특히 다른 유형의 자본들처럼 지역 내에 형성되어 있는 규범 구조가 사회적 자본을 강력하고 분명한 형태를 구성하고 있다고 주장한다.

그러나 가장 폭넓게 받아들여지는 사회적 자본의 형성 요인에 대한 주장은 퍼트남(R. D. Putnam)에 따르면 사람들이 협동한다면 사회가 좀 더 나아질 수 있다는 가정 하에 상호간의 이익을 위해 조정 및 협동을 촉진하는 규범, 신뢰, 네트워크 등이라고 한다.

이러한 상호간의 이익은 이탈리아 지역 사례 연구에서 잘 나타나고 있듯이 세 가지 사회적 자본의 형성 요인에 의해 모든 지역과 조직에서 관찰해 볼 수 있다고 주장한다. 특정 분야에서의 성공적인 협력은 연결과 신뢰를 구축하는데, 이는 다른 한편 관련이 없는 분야에서도 필요한 협력을 용이하게 하는 사회적 자산이 된다고 보고 있다.[9)]

부르디외(P. Bourdieu)는 사회적 자본을 친근감이나 상호 인지적 관계가 제도화된 덕택에, 혹은 지속적인 연결망 덕택에 개인이나 집단이 실제적으로 혹은 가상적으로 얻게 되는 이점 또는 기회의 총합이라고 정의한다.

그의 사회적 자본에 대한 관점은 기본적으로 마르크스주의적 자본주의 비판의 논조가 깔려 있지만 자본의 개념을 경제 영역보다는 교육, 문

9) 그는 기본적으로 사회적 자본을 양산하기 위해서는 수직적 네트워크보다 수평적 네트워크의 역할을 강조한다(Putnam with R. Leonardi & R. Naneffi, 1993: 163-164).

화, 사회 분야에 주로 응용하고 있다는 점에서 베버의 영향을 받고 있다고 볼 수 있다.

여하튼 부르디외는 사회적 자본을 현대 사회의 계급적 차등이 문화적·교육적 가치의 차등적 전수를 통해 재생산되고 있는 과정에 주목하는데, 결국 장기적 연결망과 상호 인지적 관계가 어떻게 이루어지고 있는가에 초점을 모으고 있다(김상준, 2004: 65-67).

후쿠야마(F. Fukuyama)가 그의 대표적인 저서인 『신뢰(*Trust*)』에서 밝히고 있듯이 신뢰를 사회적 자본이라고 정의한다.

그는 6개국을 대상으로 사례연구를 시도한 결과로써 신뢰와 경제적 번영과의 관계를 규명하고 있는데, 그가 주장하는 배경에는 시민사회를 전제로 가족과 국가 영역 사이에 존재하는 중간 규모의 민간조직을 시민사회의 중요한 축으로 상정하고 있다.

이러한 그의 주장은 자발적인 그룹 또는 단체의 미학에서 출발한다. 즉, 단체를 형성하는 능력은 기본적으로 신뢰에 기초할 수밖에 없고, 그렇게 해서 생긴 단체는 그 구성원으로 하여금 함께 일하는 습관을 갖게 하고 생산성을 증대시키게 된다고 보고 있다(성기환, 2004: 70).

따라서 사회의 특성이 그 사회의 민주주의나 경제 발전에 긍정적인 역할을 하는가 혹은 부정적인 역할을 하는가의 문제로 귀착된다.

후쿠야마는 성숙한 시민사회와 민주주의를 건설하는 데 제도화된 민주주의를 경제 발전과 연관시켜 역설하고 있다. 그는 사람들 사이에 다양한 결사가 활성화되어 있고, 이를 통해 사람들 사이의 결속이 다양한 방법으로 교차하게 되면서 증진될 때에, 사회 전체적으로 공동의 목표를 성취하는 집합적인 능력이 향상될 수 있다고 본다(Fukuyama, 2004: 61-77).

그러므로 이들은 제도화된 사회적 자본의 축적이야말로 민주주의의 발전에 가장 핵심적인 요인으로 보게 된 것이다.

후쿠야마는 또한 국가성(stateness)을 약화시키는 것은 규범적인 문제와 경제적인 문제 때문이라고 하며 가난한 국가의 경제 개발 가능성을 방해하는 주요 요인이 바로 그들의 제도 개발 수준이 불충분하다는 데에서 기인한다고 본다.

이러한 가난한 국가와 약한 국가들은 참여의 제도가 마련되어 있다 하더라도 조직의 역량이 없다면 유명무실한 존재로 전락할 수밖에 없다고 한다. 따라서 강한 국가조직은 역량의 구축부터 갖추어야 한다고 주장한다. 이를 위한 네 가지 요소로서 조직설계 및 관리, 정치 체제의 설계, 법성의 토대, 문화적·구조적 요소 등을 제안한다(Fukuyama, 2004: 40-45).

사회적 자본의 핵심 요소인 신뢰는 사회나 조직의 경제적 성과를 이해하는 데 필수불가결한 개념으로 국가의 경쟁 능력과 번영 창출의 요소로 인식되고 있으며(Fukuyama, 1997), 기업 간 관계의 윤활유 역할을 하여 더 다양한 정보에 접근할 수 있도록 하고 정보의 질, 타당성, 시기적절성을 보여 준다(Adler & Kwon, 2002: 17-40).

맥더피(J. P. MacDuffie)는 권고전략과 퇴출전략의 신협업 모드(new collaborative mode)로 신뢰를 기반으로 한 협업과 그렇지 않은 협업으로 분류하여 신뢰를 기반으로 한 협업에서는 그렇지 않은 협업 단계보다 정보 공유 비율이 높고 이로 인한 성과가 높다고 했다.

하지만 처음부터 신뢰가 높은 관계에서 시작해야만 협업이 성공하는 것이 아니라 양 당사자 간의 관계가 진행되면서 점차 신뢰를 쌓아가는 방향을 진행해야 하며 관계 형성에 따라 서로에 대한 믿음이 쌓이고 서로의 능력을 확인하면서 신뢰가 쌓이는 것이다. 신뢰가 없는 협업은 단기적으로 가능하고, 중기적으로도 가능할 수도 있지만 장기적으로는 지속 불가능함을 시사한다.

김기찬(2002)의 연구에 의하면 일본 자동차 및 중장비 산업이 한국

업체에 비해 더 높은 몰입적 관계구조를 가지고 있으며, 좀 더 협력적 상호작용 행동과 그로 인한 기업 간 연결의 유효성 효과가 시스템적 경쟁력의 원천이 되고 있음을 확인했다.

그 결과 오늘날 일본 기업이 세계적인 기업 경쟁력을 가지는 원천이 되고 있으며, 한 기업의 경영 활동을 지원하고 협조하는 다수 기업들 간의 조직적인 관계 체계에서 나타나는 시스템적 경쟁력에서 개별 기업의 경쟁력이 재창조되고 있음을 밝혔다.

또한 최고의 경쟁 기법은 협력으로 대기업과 중소기업의 양극화 문제를 기업생태계의 관점에서 분석하여 상생 협력의 부재로 인해 가치사슬의 기업생태계 고리가 희미해진 결과로 연구했으며, 그 해결 방안의 하나로 신뢰 구축의 길을 제시했다.

첫째는 일관성으로 언어 신뢰, 약속 신뢰를 보임으로써 파트너에 대한 예측 가능성을 유지하는 것, 둘째는 완결성으로 능력의 신뢰를 높이는 방안이고, 셋째는 최고의 신뢰로 기밀을 공유할 수 있는 정도의 신뢰를 분석하고 있다.

이러한 기업 간 신뢰는 거래비용을 감소시키며(Dyer & Chu, 2003: 57-68) 장기적인 거래 구축으로 인한 거래의 안정화(Ring & Van de Ven, 1992: 483-498)를 유도하여 투자 확대 및 생산성을 증대시킨다(Sako, 1998).

김기찬 외(2006)에 의하면, 신뢰는 연결의 신용성, 기밀성, 안정성을 높여 주므로 노하우와 기술을 공유할 수 있도록 해주며 공동 개발이라는 최고 수준의 협력을 창출한다.

지역사회의 상호작용에 대해 포트(Portes, 1998: 10-12)가 예시하는 선후배 관계를 원용해 보면 이들은 서로 다른 위계 속에서 불평등한 사회적 교환이 이루어지고 있는 관계로 파악해 볼 수 있다. 그러나 이러한 관계는 이해 득실을 따지는 '도구적 동기(instrumental motivation)'보다는 선후배 관계를 규정하는 공동체의 규범에 토대를 둔 '완성적 동기(consummatory motivation)'에 의해 발생하고 지속된다고 할 수 있다.

즉, 한 개인이 서로의 의무와 역할을 다할 때 주어지는 보상은 경제적인 이익이 아니라 자신이 속한 집단에서 발생하는 주위 사람들과 제도 속에서 서로 간의 연계망으로부터 나온다고 할 수 있다.

이러한 지역사회에서 주민과의 상호작용은 사회의 문화적 및 조직적 특성으로 파악하여 그 사회의 전통이 신뢰나 협동과 같은 호혜성에 근거를 둔 가치나 관계를 어느 정도 뒷받침하고 있는가를 문제시한다.

인네스(J. Innes)와 동료들은 계획 실제에서 합의 형성 과정(consensus-building process)을 중시한다. 이를 통해 공식적으로 의견이 조율된 계획안 및 정책의 산출이 가능할 뿐만 아니라 참여자들 간에도 세 가지 형태의 공유된 자본, 즉 사회적 자본(social capital), 지적 자본(intellectual capital), 정치적 자본(political capital)이 형성되기 때문이다.

사회적 자본은 개인들의 사적 관계와 커뮤니티 형성을 위한 조정을, 지적 자본은 지식의 공유를 통한 조정을, 정치적 자본은 집행이 용이하도록 협력 관계를 이끌어낼 수 있는 조정 역할을 수행할 수 있다는 점에서 의미를 갖는다(성기환, 2004: 71-72).

따라서 각각의 자본들은 조정 역할을 수행하고 있음을 알 수 있다. 여기에서 자본이라고 표현한 이유는 특정 프로젝트와 관련하여 참여자 간에 자본이 일단 형성되면, 그 이후에도 계속 살아남아 미래에도 조정과 협력을 촉진시킨다고 보기 때문이다. 협력과 상호 학습 그리고 합의 형성을 통한 문제 해결은 새로운 방식으로 계획 수립을 가능케 하는 네트워크를 형성한다.

그러나 그러한 합의 형성은 참여자들의 지적·사회적·정치적 자본에 크게 영향을 받는다(Innes, Gruber, Neuman, & Thompson, 1994).

사회적 자본에 관해 좀 더 구체적으로 살펴보면, 참여자들 간의 사회적 자본 형성을 합의 형성의 첫째 조건으로 보고 있다.

개인적인 네트워크와 신뢰로 이해관계자들 간의 지속적인 의사소통을 거쳐 상충되는 이익을 조정할 수 있다는 의미를 갖는다. 이때 반대되는 사람들의 이익과 입장을 이해하고 대화하는 방법을 학습하는 것이 필요하므로 지역사회 의식이 중요하다.

이처럼 사회적 자본을 합의 형성의 전제 조건으로서 보고 있다는 점에서 신뢰에 가까운 개념이라 할 수 있다.

뉴턴(K. Newton)은 사회적 자본을 신뢰와 호혜성과 관련되어 있는 태도와 가치로서 사회적 자본의 중요한 요소로 보고 있으며, 규범과 가치의 의미를 내포하고 있는데 이는 사회적 및 정치적 안정과 협력을 만들어 내는 중요한 요소이다.[10)]

즉, 사회적 자본에서 신뢰, 규범, 가치는 상호 지켜야 할 의무감에 대한 사회적 의식이나 감각을 지니고 있어 개인을 변화시켜 이해 관계를 공유하고 공동체의 구성원이 되도록 한다.

힐리(P. Healey)가 주장하는 제도적 자본(institutional capital)의 개념은 다양한 가치가 경쟁하고 환경이 급변하는 현대 사회에서 서로를 이해하고 합의를 도출하기 위해서는 협력적 계획(collaborative planning)이 필요하다고 보았다. 협력적 계획 과정을 통해 이해하고 합의를 도출할 수 있는 능력, 즉 제도적 자본의 형성이 가능하다고 보는 것이다.

또한 제도적 자본이란 한 지역 내에 존재하는 관계망(relational webs or networks)의 질(quality)로서 그 지역이 직면하고 있는 문제의 해결을 위해 협력하고 합의를 이끌어낼 수 있는 사회구조와 신뢰를 의미한

10) 사회적 자본은 시민이 타인과 협력하고 타인을 신뢰하고 이해하며 공감하도록 만드는, 다시 말하면 타인을 이방인이나 경쟁자 혹은 잠재적 적군이 아니라 동료로서 인식하게 만드는 문화적 가치와 태도라고 인식할 수 있다(Newton, 1997: 575-586).

다(이미정, 2002: 70).

힐리(Healey, 1992: 143-162)의 제도적 자본은 세 가지 측면을 가지는데, 지적 자본으로서 지식자원(knowledge resources: K), 사회적 자본으로서 관계자원(relational resources: R), 정치적 자원으로서 동원능력(mobilization capacity: M)이 바로 그것이다. 지식자원은 주어진 문제 해결을 위한 구체적 지식과 문제 자체를 변형시킬 수 있는 혁신적 지식으로 구분된다.

지식과 인적 자원을 연결시켜 주는 네트워크 형성을 의미하는데, 공식적인 것과 비공식적인 것으로 구분된다. 동원 능력은 지식자원과 관계자원을 정치적으로 동원할 수 있는 역량을 의미한다. 이것은 지식자원과 관계자원이 풍부한 경우 더욱 확대된다. 즉 이들 세 가지 자원 간의 순환적이고 역동적인 과정을 거쳐 제도적 자본이 확대 재생산된다는 의미이다.

린(Lin, 2000: 787)은 사회적 자본을 인간, 조직, 지역사회(community)가 사회적 네트워크에서의 위치를 통해 활용할 수 있는 자원이라고 정의하고 있으며, 사회적 자본을 통해 더 좋은 직업, 빠른 승진, 높은 임금과 같은 물질적 보상이나 정신건강과 같은 보상을 받을 수 있는 가능성을 높여 준다고 본다.

미스탈(Misztal, 2000: 121)은 사회적 자본을 결속과 협동을 필요로 하는 호혜주의 규범과 결사체 참여의 네트워크를 조성해야 한다고 역설하고 있다.

이처럼 사회적 자본의 형성에 대해 학자들의 시각에 따라 다양한 요인이 주창되고 있으나 어느 정도의 공통적인 형성 요인을 도출해 볼 수 있다. 이는 사회적 자본이 국가와 지역, 혹은 기업의 네트워킹을 촉진시키고 지역사회가 안고 있는 문제에 대해 이해관계자들 간의 협력을 통해 해결할 수 있는 문화적·제도적 힘을 증진시킨다는 것이다.

사회적 자본의 위력은 시민들에게 문제 해결을 위해 직접 참여하여 행동할 수 있도록 하는 실용적인 기술을 탄생시킨다는 데 있다. 이렇게 하여 주민협의회, 각종 사회클럽, 시민단체, 교회 등은 사회적·경제적 필요를 충족시켜 준다.

그뿐만 아니라 사회적 자본은 공공재의 가치를 유지하고 높여 주는 데도 필수적이다. 인간의 생활에 필수 불가결한 공공재는 협동과 신뢰를 통해서만 유지되며 각각의 자기 이익 극대화를 추구할 경우 상실되는 재화이다. 삶의 질, 환경 보호, 교통 안전 등과 같은 공공재의 유지는 사회적 자본을 필요로 한다.

이처럼 사회적 자본은 경제 성장과 민주 발전, 그리고 현대 사회가 직면하고 있는 많은 공동의 관심사의 해결에 크게 기여하는 핵심 개념으로 인식된다.

2 사회적 자본에 대한 외국 학자들의 연구 정리

1) 토크빌

프랑스의 정치학자 토크빌은 1853년 미국을 다녀온 뒤 당시 미국 사회를 서술하기 위해 사회적 자본이라는 용어를 처음 사용했다. 당시 그는 미국 사회 구성원인 개개인이 단체를 구성하여 서로의 필요를 채워주고, 공공의 이익을 추구하는 성향이 있다고 보았는데, 이를 가리켜 토크빌은 사회적 자본이라 했던 것이다. 그가 저술한 것은 지역사회 수준이었는데, 이것은 지역사회 정신, 지역사회 공동의 문제에 대한 시민적 참여, 공공재에 대한 개인적 책무와 소속감을 의미했다.

2) 콜먼

사회학자인 콜먼은 사회적 자본을 이해할 때 기능주의적인 관점을 취한다. 그에게 사회적 자본은 하나의 실체가 아니라 다음과 같은 두 가지의 특징을 갖는 복합적인 실체로 이해된다. 하나는 사회구조 내에서 개인의 특정 행위를 촉진시킨다는 점이며, 다른 하나는 다른 유형의 자본(예: 인적 자본, 물적 자본)과 마찬가지로 사회적 자본 또한 특정 목적의 달성을 가능하게 한다는 점에서 생산적인 개념으로 이해되고 있다(Coleman, 1990).

그는 특정 행위를 촉진시키는 사회적 자본은 유익하지 않거나 심지어는 다른 사람에게 해로울 수 있다고 보고 있다. 또한 여타 자본과는 달리 사람들 사이의 관계구조 속에 사회적 자본이 내재하는 것으로 보았다.

3) 후쿠야마

후쿠야마는 신뢰를 사회적 자본으로 보고 있는데 그는 6개의 국가를 대상으로 사례연구를 시도했고, 이를 통해 신뢰와 경제적 번영과의 관계를 설명한다. 그의 주장의 중심에는 시민사회가 상정되어 있으며, 가족과 국가 영역 사이에 존재하는 중간 규모의 민간조직을 시민사회의 중요한 축으로 상정하고 있다.

이러한 그의 주장은 자발적인 그룹 또는 미학에서 출발한다. 즉, 단체를 형성하는 능력은 기본적으로 신뢰에 기초할 수밖에 없고, 그렇게 생긴 단체는 그 구성원으로 하여금 함께 일하는 습관을 갖게 하고, 생산성을 증대시킨다고 보고 있다.

4) 퍼트남

퍼트남은 집합적 행위의 딜레마를 극복하거나 자기 스스로 기회주의를 배격할 수 있느냐는 한 사회가 갖고 있는 사회적 자본에 달려 있다고 주장한다. 그는 공공 이슈에 대한 시민적 참여 네트워크와 상호부조와 같은 규범의 형태로 사회적 자본이 전승되고 있는 지역에서 자발적인 협력이 훨씬 쉽게 일어난다고 주장한다(Putnam, 1993). 이러한 의미에서 볼 때, 퍼트남의 사회적 자본의 개념은 협동적 행위를 촉진시킴으로써 사회의 효율성을 제고하는 신뢰, 규범, 네트워크를 의미한다.

그는 이러한 사회적 자본의 개념을 이용하여 사회적 자본과 지방정부의 성과 간의 관계를 설명하는 주목할 만한 연구를 수행했다. 어떤 조건이 강하고, 효과적이며, 반응적인 정부를 형성하는 데 필요한지를 이태리 지방정부를 대상으로 사회 실험을 시도했다. 그 결과 시민적 참여 네트워크와 상호부조 규범이 살아 있는 북부지역이 사회적 관계가 수직적인 남부에 비해 지방정부 성과가 훨씬 높게 나타났다고 보고하고 있다(Putnam, 1993).

5) 힐리

힐리의 제도적 자본 개념은 다양한 가치가 경쟁하고, 환경이 급변하는 현대 사회에서 서로 이해하고, 합의를 도출하기 위한 협력적 계획이 필요하다고 보았다. 협력적 계획 과정을 통해 이해하고, 합의를 도출할 수 있는 능력, 즉 제도적 자본의 형성이 가능하다고 주장한다(Healey, 1992).

6) 정리

종합해 보면, 사회적 관계를 통해 형성되는 사회적 자본은 분야마다 각기 달리 표현되고 있음에도 불구하고 여러 면에서 생산적임을 알 수 있다.

즉, 사회적 자본은 국가 내의 네트워킹을 촉진시키고 빠른 정보의 흐름과 더욱 기민한 거래를 촉진시켜 사회 발전에 기여할 수 있다. 또한 지역사회가 안고 있는 문제에 대해 이해관계자들 간 협력을 통해 해결할 수 있는 문화적 힘을 제공해 주기도 한다. 사회적 자본의 위력은 시민들에게 문제 해결을 위해 직접 참여하여 행동할 수 있도록 하는 실용적인 기술을 탄생시킨다는 데 있다(임승빈, 2009).

외국 학자들의 논의를 종합적으로 정리해 보면 <표 2-1>과 같다.

표 2-1 외국 학자들의 사회적 자본의 구성 요소

<table>
<tr><th>학자</th><th>정의</th><th>구성 요소</th><th>공통 요소</th></tr>
<tr><td>부르디외
(P. Bourdieu, 1986)</td><td>친근감이나 상호 인지적 관계가 제도화되어 지속적인 연결망으로서 개인이나 집단이 얻게 되는 이점이나 기회의 총합</td><td>• 호혜적 규범
• 네트워크</td><td rowspan="6">• 신뢰
• 호혜적 규범
• 네트워크
• 민주성</td></tr>
<tr><td>콜먼
(J. Coleman, 1990)</td><td>두 가지 이상의 요소가 포함되어 다양한 복합체로서 구조 내 행위자의 특정한 행동을 촉진시킴</td><td>• 신뢰
• 호혜적 규범</td></tr>
<tr><td>퍼트남
(R. D. Putnam, 1993, 1995)</td><td>상호 이익을 위해 조정과 협력을 촉진시키는 네트워크, 규범, 신뢰와 같은 사회적 유효성을 증진시킬 수 있는 능력</td><td>• 신뢰
• 호혜적 규범
• 네트워크</td></tr>
<tr><td>인네스
(J. Innes, 1994)</td><td>사회적 자본은 합의 형성의 전제 조건으로서 개인적 네트워크와 신뢰를 통해 이해관계자들의 지속적인 이익을 조정</td><td>• 신뢰
• 호혜적 규범
• 민주성</td></tr>
<tr><td>후쿠야마
(F. Fukuyama, 1995, 2004)</td><td>공동체 연대와 결속을 유지하는 신뢰에 기초하여 지역 · 국가, 또는 구성원은 협력하는 습관을 가지고 생산성을 증대시킴</td><td>• 신뢰
• 호혜적 규범</td></tr>
<tr><td>포트
(A. Portes, 1998)</td><td>사회 네트워크 혹은 다른 사회적 구조 안에 멤버십을 소유하여 이익을 지키는 행위자들의 능력</td><td>• 신뢰
• 호혜적 규범
• 네트워크</td></tr>
</table>

뉴턴 (K. Newton, 1997)	시민사회를 구축하는 데 규범과 가치, 연결망, 결과로서 나타나는 자발적으로 생산된 집합적 자원	• 민주성 • 호혜적 규범 • 네트워크	
나하피에트와 고샬 (J. Nahapiet & S. Ghoshal, 1998)	개인이나 사회적 단위가 소유한 관계 네트워크 안에 깊이 내재되어 있으면서 네트워크를 통해 획득된 실제적이고 잠재적인 자원들의 합	• 호혜적 규범 • 네트워크	
힐리 (P. Healey, 1998)	형성 요소로 지적 자본은 지식자원, 사회적 자본으로는 관계자원, 정치적 자본으로는 동원 능력을 들고 있음. 이 중 관계자원은 지식과 인적 자원을 연결시켜 주는 네트워크 형성을 의미함	• 네트워크	
울콕 (M. Woolcock, 1998)	한 사람의 사회적 네트워크 안에 포한되어 있는 상호 관계의 정보, 신뢰, 규범들	• 신뢰 • 호혜적 규범 • 네트워크	
린 (N. Lin, 2000)	인간, 조직, 지역사회(community)가 사회적 네트워크에서의 위치를 통해 활용할 수 있는 자원	• 신뢰 • 호혜적 규범 • 네트워크	
미스탈 (B. Misztal, 2000)	결속과 협동을 필요로 하는 호혜주의 규범과 결사체 참여의 네트워크	• 호혜적 규범 • 네트워크	

주: 일반적으로 기존 연구에서는 신뢰, 규범, 네트워크만을 구성 요소로 다루고 있으나 이 책에서는 민주성 요소를 추가적으로 도출했다.

3 사회적 자본에 대한 국내 학자들의 연구 정리

국내 학자들의 사회적 자본에 대한 논의는 신뢰와 규범, 개인적 소속감이나 경제적 능력, 네트워크의 형성 정도, 자발성, 파트너십이 외국에서의 연구와는 달리 사적인 개인적 관계로 발전되고 있으며, 이러한 사적인 관계는 자기 가족이나 집단 중심의 전통적인 신뢰 규범을 형성하고(김일태, 1999), 이는 공공 영역에서 신뢰를 제도화할 수 있는 여지를 약화시키기 때문에 사회적 자본의 공공재로서의 가치가 잠식되는 결과로 나타나게 되었다(이재열, 1998).

1) 김태영(2002: 141-151)

우리나라를 공적 신뢰가 부족한 대신 사적 신뢰가 강화된 국가라고 주장한다. 그 원인을 전통적인 가족주의, 권위주의, 의식주의 등과 같은 요인에서 찾고 있으며, 사회적 자본 형성과 정부-시민단체 간의 파트너십에서는 서로 이익을 가져다 주는 정치적인 관계 형성이 높다고 밝히고 있다.

또한 정부와 시민단체 간 파트너십 형성 가능성은 양자가 상호의존적일수록 높으며, 교환되는 자원의 종류에 따라 나타나는 파트너십의 형태는 달라질 것이라고 보고 있다.

2) 주성수(2000: 3-12)

저신뢰의 원인이 연줄 네트워크 때문이라고 주장한다. 한국 사회의 연줄 네트워크는 수평적이라기보다는 수직적 구조로 연결되어 있으며, 이 구조 속에는 정보의 교환보다는 통제력의 교환이 이루어지고, 이러한 통제력은 사회적으로 희소한 자원이기 때문에 특정 통제력을 획득한 개인과 집단은 그들이 소속된 연줄 네트워크 내에서만 통제력의 교환이 이루어진다는 것이다.

이러한 우리나라의 사회적 환경은 이미 알고 있는 사람들 간의 관계를 더욱 밀접하게 만드는 결합사회적 자본(bonding social capital)을 증진시키는 반면, 모르는 사람들 사이의 관계에서 발생하는 연결사회적 자본(bridging social capital)은 고갈되는 양상을 야기한다(최창수,

2000: 221-223). 이와같이 우리나라의 사회적 자본이 약한 상황에서 어떠한 방식으로 사회적 자본을 형성할 것인가에 대한 논의가 심도 깊게 이루어져야 할 것이다.

3) 박희봉 · 김명환(2000b: 175-196)

서울시 서초구와 경기 포천군을 대상으로 한 실증연구에서 지역사회의 사회적 자본과 거버넌스와의 관계에서 직접적이든지 간접적이든지 의사소통 채널의 형성이 협력적 지역사회 거버넌스를 위한 중요한 요인이 된다고 주장한다. 특히 이러한 의사소통의 채널 형성은 시민교육과 지역사회의 리디십을 매개로 한 사회적 자본의 형성을 통해 이루어진다고 보고 있다.

4) 윤두섭 · 오승은(2005)

사회적 자본이 지방정부의 외부 역량에 미치는 영향으로서 사회적 자본의 개념을 정립하고 정량적 지표를 개발하여 성남시를 중심으로 분석했는데, 분석 결과 사회적 자본을 구성하는 신뢰, 연계망, 제도 및 규범은 사회적 자본의 형성에 모두 긍정적인 영향을 나타내고 있으며, 그 중 연계망의 영향이 상대적으로 크게 나타났다고 보고 있다. 이는 사회적 자본이 지방정부 외부 역량에 긍정적인 영향을 미쳐 지방정부의 역량을 강화시키게 된다는 것을 의미한다.

5) 소진광(2004b: 67-90)

사회적 자본 형성을 통한 지방자치와 지역 발전의 연계화 방안에서 사회적 자본의 개념을 도입하여 삶의 질 향상과 지속 가능한 발전 등 지역 발전 현상을 지방자치와 연계시키고 있으며, 사회적 자본이라는 새로운 지역 발전 척도를 도입하여 접근하고 있다. 즉, 사회적 자본은 지방자치와 지역 발전을 매개하는 변수이자 삶의 질 향상, 지속 가능한 발전 등 인류가 당면한 지역 발전 과제를 해결할 수 있는 수단으로 파악한다.

이에 따라 사회적 자본의 표현 인자는 첫째, 가족 간의 신뢰, 직업상의 거래 관계에 대한 신뢰, 지역사회의 참여 단체 수 등 인연적 사회적 자본, 둘째, 주변 개인 관계에 대한 신뢰, 이웃의 범위, 청소년 선도, 지역사회 행사 참여 횟수, 자원봉사 참여 횟수, 주변 불우이웃에 대한 배려 및 다양성의 포용력 등 교량적 사회적 자본, 셋째, 공공정책에 대한 신뢰, 지역사회 리더십, 범법행위에 대한 신고율, 피선거권 행사 의향, 지역사회 자문 혹은 공익단체 자문 참여 횟수, 지역사회 내 공공기관 이용 횟수 등 연계적 사회적 자본을 포함한 접근을 시도하고 있다.

6) 임승빈 · 이승종(2005: 3-26)

서울시 12개 자치구 간 비교분석을 통해 지역사회의 역량을 결집할 수 있는 지방정부의 역량 강화가 중요하며, 주민의 사회적 자본과 지방정부의 역량과의 상관성은 서울시의 자치구에서 대부분 무의미하게 혹은 미미한 정도로 분석하고 있으나, 주민의 자발적 의지를 결집하여 사회적 자본화시키고 시민사회와 지방정부 간 파트너십을 구축하는 것이 지방정부의 역량 강화를 위한 중요한 요소임을 분석하고 있다.

이는 사회적 자본의 형성이 지역사회와 지방정부의 효율성, 지방정부의 역량을 강화하는 중요한 요소임을 나타내는 것이다.

7) 박희봉 · 이희창(2005: 709-728)

경제 · 사회적 요인과 사회적 자본으로써 삶의 만족에 미치는 영향 요인 비교분석을 통해 사회 · 경제적 요인과 사회적 자본 요인이 삶의 만족에 영향을 미치고 있는 것으로 분석하고 있는데, 변수의 설정을 달리 할 경우 사회·경제적 요인의 일부 변수는 무의미한 것으로 나타나고 있으나 사회적 자본은 계속 삶의 만족에 영향을 미치는 것으로 보고 있다.

즉, 이 연구의 결과에서는 개인의 사회적·경제적 요인이 삶의 만족에 영향을 미치기는 하지만 사회적 자본 요인과 결합할 때 더욱 큰 영향을 미치게 되는 것으로 해석해 볼 수 있다.

8) 백명자(2006: 156)

사회적 자본의 영향 요인 분석을 시민단체 참여 측면에서 접근하여 연구했는데, 기본적으로 시민단체의 참여가 사회적 자본 형성에 크게 영향을 미치는 요인임을 강조하고 있다.

따라서 신뢰, 규범, 네트워크, 시민단체 참여라는 네 가지 범주와 개인적 특성을 연계하여 연구를 진행시켰다. 그 결과 시민단체에의 참여 활동은 신뢰 사회의 구축과 사회문제 발생의 억제, 타인을 위해 양보하는 미덕을 통해 사회 전체의 행정 수요 절감 등 정부와 더불어 공동 문제 해결자로서의 역할 수행을 가능케 하며, 사회적 자본이 축적된 사회는 구성원의 개인적 행복감의 증진과 사회적으로 거래비용을 줄여 경제 발전을 촉진시키고, 정부의 효과성을 증진시킨다고 보고 있다.

그 밖에 김일태(1999), 박상필(2000), 최종렬(2004) 등은 사회적 자본과 다른 사회 요인과의 관계를 실증적으로 접근하여 분석하고 있지는 않지만 사회적 자본의 긍정적인 기능에 기인하여 지역사회의 신뢰 형성, 네트워크의 구축, 사회 참여의 촉진이 지역사회의 발전과 거버넌스[11]의 원활한 활동에 기여한다고 보고 있다. 이러한 국내 학자들의 사회적 자본에 대한 구성 요인을 정리하면 <표 2-2>와 같다.

표 2-2 국내 학자들의 사회적 자본의 구성 요소

학자	정의	구성 요소	공통 요소
박희봉 · 김명환 (2000b)	사회적 활동을 통해 축적되며 개인 및 사회 활동에 영향을 주는 규범, 신뢰, 네트워크	• 신뢰 • 규범 • 네트워크	• 신뢰 • 규범 • 네트워크 • 민주성
주성수 (2000)	특정 통제력을 획득한 개인과 집단이 소속된 연줄 네트워크 내에서 형성되는 통제력의 교환	• 네트워크 • 통제력 교환	
소진광 (2004b)	지방자치와 지역 발전을 위한 지역 주민들의 참여를 통해 공동의 목표 추구	• 민주성 • 네트워크	
임승빈 · 이승종 (2005)	주민의 자발적 의지를 결집한 시민사회와 지방정부의 역량 강화를 위한 파트너십 구축	• 민주성 • 지방정부의 역량 • 네트워크	
윤두섭 · 오승은 (2005)	지방정부의 외부 역량에 미치는 영향으로서 신뢰, 제도 및 규범, 연계망의 형성	• 신뢰 • 네트워크 • 지역사회의 제도	
박희봉 · 이희창 (2005)	경제적 · 사회적 요인과 연계하여 삶의 만족 추구	• 사회경제적 요인 • 신뢰 • 네트워크	
안병일 (2009)	신뢰와 규범을 바탕으로 이루어진 네트워크 관계 형성으로 상호 이익을 위해 협조적이고 협력하는 사회 구성원들 간의 참여 활동 과정	• 신뢰 • 규범 • 네트워크 • 민주성	

---

11) 거버넌스(governance)의 개념 속에는 정부 · 비정부, 영리 · 비영리, 중앙 · 지방정부, 국제기구 등 광범위하고 다양하게 연결된 공적 조직들의 네트워크를 포괄하고 있다.

표 2-3 주요 청소년단체의 목적과 사회적 자본의 구성 요인

청소년단체	이념 및 목적	구성 요소
한국스카우트연맹	• 민주시민으로서의 자질 향상 • 투철한 국가관과 민족의 주체성 향상 • 국가와 사회 발진에 기여 • 세계 평화와 인류 복지에 기여	• 사회적 신뢰 • 상호 호혜성 • 네트워크 • 민주시민 의식
한국청소년연맹	• 올바른 국가관과 윤리관 함양 • 전통문화의 계승 발전을 바탕으로 이루어진 진취적 기상 함양 • 민족의 통일 번영과 국제사회에 이바지할 수 있는 건전한 미래 세대의 육성	• 사회적 신뢰 • 네트워크
한국길스카우트연맹	• 스스로 잠재력 개발 • 책임 있는 민주시민으로시의 자질 함양 • 지역사회와 국가, 세계를 위해 봉사 • 국제 이해와 우의를 증진	• 사히적 신뢰 • 상호 호혜성 • 네트워크
청소년적십자	• 인도주의와 봉사정신 함양 • 민주시민으로서의 자질 향상과 인성 발달 도모	• 사회적 신뢰 • 상호 호혜성 • 민주시민 의식
한사랑청소년광장	• 전문적인 상담 능력 함양 • 인간 관계 훈련	• 사회적 신뢰 • 상호 호혜성 • 네트워크
세계도덕재무장 한국본부	• 건전한 인간성 함양 • 도덕적 자각	• 사회적 신뢰 • 상호 호혜성
한국4-H본부	• 새로운 희망과 도전정신 함양 • 민주시민으로서의 자질 향상 • 국가 · 사회 발전에 이바지 • 국제사회에 이바지	• 상호 호혜성 • 네트워크 • 민주시민 의식

이러한 국내 · 외 학자들의 논의에 부가적으로 우리나라에서 대표적인 주요 청소년단체의 목적을 통해 사회적 자본과의 연관성을 정리해 제시하면 <표 2-3>과 같다.

각 외국 학자들의 견해, 국내 학자들의 견해와 청소년단체의 목적을 통해 사회적 자본의 구성 요인에 대해 공통적인 요소를 추출하면 신뢰,

호혜적 규범, 네트워크, 민주성(자발적 참여)이라는 네 가지 요소로 압축해 볼 수 있다.

다만 표현상 차이가 존재하는데 근본적인 의미를 희석시키지 않는 범위 내에서 여기에서는 신뢰 대신에 사회적 신뢰로, 호혜적 규범 대신에 상호 호혜적 규범으로, 네트워크는 그대로 사용하면서 관계구조의 의미로, 민주성이나 자발적 참여는 민주시민 의식으로 표현을 재정립하여 분석지표로 사용하고자 한다.

제 3 절 청소년단체 활동과 사회적 자본 형성과의 관계

1 청소년 활동의 의미

이글 스카우트(Eagle Scout)는 미국 보이스카우트 최고의 영예이다. 통계적으로 미국 전역의 18세 이하 대원 중 불과 2%만 진급하는 단계이다. 이글 스카우트가 되기 위해서는 활동 경력이 최소 6년은 되어야 하고 이 기간 중 6단계에 걸친 진급 과정을 거쳐야 한다. 또한 긴급구호, 생존 훈련, 사격, 래프팅 등의 기능장을 21개 이상 취득해야 하며, 2백시간 이상의 사회봉사 활동과 이글 프로젝트를 수행해야 한다(조예진, 2009: 39).

주요 이글 스카우트 출신들로서는 영화 'ET'와 '쥬라기 공원' 등 훌륭한 영화를 탄생시킨 스티븐 스필버그(Steven Spielberg), 인류 최초로 달 표면에 발자국을 남긴 우주인 닐 암스트롱(Neil Alden Armstrong), 열기구와 경량 비행기를 타고 논스톱 세계 일주를 마친 스티븐 포셋

(Steven Fossett), 미국 38대 대통령을 지낸 제럴드 포드(Gerald Rudolph Ford, Jr.), 로마 가톨릭 추기경 및 볼티모어 대주교인 윌리엄 헨리 킬러(William Henry Keeler), 메이저 리그 홈런왕인 헨리 아론(Henry Louis Aaron), 세계적인 유통기업 월마트를 설립한 샘 월튼(Samuel Moore Walton) 등 이루 헤아릴 수 없이 많은 유명 인사가 존재한다(조예진, 2009: 39-40).

우리나라에서는 1983년 11대 국회에서 국회스카우트의원동우회로 출발하여 1991년 13대 국회에서 국회스카우트의원연맹으로 개칭하여 현재에 이르는데 299명의 의원 중 73명이 회원으로 활동하고 있다. 또한 1990년에는 우리나라의 수도로 세계스카우트의원연맹을 창설하여 2009년 현재 97개국의 회원국을 확보하고 있다. 주요 활동으로 청소년 정책 수립에 필요한 지원과 입법 활동의 방향을 제시하는 데 큰 역할을 하고 있다(윤영탁, 1998: 1251).

청소년 활동은 청소년들의 성장과 발달에 총체적으로 대응하는 활동으로서 청소년들의 자발적 참여와 체험 중심의 활동이 기본적으로 강조된다. 이러한 활동을 통해 청소년들이 사회의 큰 흐름에 참여할 수 있게 하는 효과적인 수단과 기회를 제공받을 수 있다.

최초 우주비행사 닐 암스트롱

포드 미국 대통령

존 메이저 영국 총리

표 2-4 이글 스카우트(미국 스카우트 대원 중 최고급위) 출신 저명인사

구분	성명(경력)
정치	제럴드 포드(미국38대 대통령), 조지 워커 부시(미국43대 대통령), 마이클 블럼버그(뉴욕시장, 블럼버그뉴스 창립자), 콜린 파월(국무장관), 앤드류 카드(백악관 비서실장), 로버트 게이츠(국방장관), 도널드 럼스펠드(국방장관), 게리 L. 액커맨(뉴욕 국회의원), 제프 세슨(알바마 주지사), 빌 알렉산더(아칸소 국회의원), 라마 알렉산더(테네시주 주지사, 교육장관, 대통령 후보), 빌 브래들리(뉴저지주 상원의원), 제임스 브래디(백악관 언론사무관), 스테판 브레이어(연방 대법원 판사), 윌리엄 E. 대메이어(캘리포니아주 주지사), 마이클 듀카키스(메세추세스 주지사, 대통령 후보), 다니에 J. 에반스(워싱턴 주지사 겸 상원의원), 데이비드 파라비(텍사스주 상원의원), 토마스폴리(백악관 대변인, 워싱턴 국회의원), 로버트 M.게이츠(CIA국장), 리처드 A. 게파드(미주리 국회의원, 소수민족 지도자), 리처드 루가(인디애나 상원의원), 샘 넘(조지아주 상원의원), 릭 페리(텍사스주 주지사), J. J.피클(텍사스주 상원의원), 윌리암 세슨(FBI 국장) 외 다수인
예술	스티븐 스필버그(영화감독), 마이클 무어(영화감독), 해리슨 솔즈베리, 왈래스 스테그너, 해리슨 포셋(퓰리처상 수상 작가), 밀턴 A. 캐니프(연재만화 Steve Canyon의 저자), 마이클 칸(무대감독), 셀덴 레오너드(에이미상 3회 수상), 오스왈드 오지넬슨(배우), 마이크 로위(디스커버리 채널 프로그램 스타), 존 데쉬(TV스타, 피아니스트) 외 다수인
체육	헨리 아론(메이저리그 홈런왕), 존 콘칵(야구선수), 짐 모라(NFL 코치) 외 다수인
과학	윌리엄 데브리즈(첫 번째 인공심장을 이식한 의학박사), 프레드릭 레인스(물리학 노벨상 수상자) 외 다수인
종교	윌리엄 헨리 킬러(로마 카톨릭 추기경 겸 볼티모어 대주교)
우주비행사	닐 암스트롱, 스티븐 W. 린드세이, 제임스 로베, 윌리엄 맥콜, 엘리슨 오니주카, 스티브 오스왈드 ※ 우주비행사 440명 중(NASA 기준) 스카우트 대원 출신의 우주비행사는 142명으로 집계됨
경제	샘 월튼(월마트 설립자), 비버 B. 코나블(세계은행 대표), J. 윌라드 메리어트 주니어(메리어트사 CEO), H.로스 페롯(자수성가한 억만장자, 대통령 후보), 게리 로저(드라이 아이스크림 CEO), 짐 로저(미국 캠프그라운드 CEO) 외 다수인

반기문 유엔 사무총장

지휘자 금난새

이장무 서울대 총장

일반적으로 청소년들의 활동은 조직화되어 있는 청소년단체를 통해 이루어지고 있다. 구체적으로 이들 활동의 내용을 살펴보면 다음과 같다(함병수 외, 1992: 99-100).

첫째, 수련 활동은 청소년 활동의 기본이 되는 활동으로서 청소년들의 잠재력을 개발하고 인내심을 함양하며 지도력을 배양하기 위한 활동과 신체 단련 등의 내용을 담고 있다. 이러한 활동에는 심신을 단련하는 수련회, 연수회 및 답사, 견학, 탐사, 등반 및 정규적인 집회 활동 등이 이루어지고 있다.

둘째, 연수 활동은 청소년들의 탐구력과 지적 능력을 배양하며, 일반사회에 대한 청소년의 이해 및 지식을 넓히기 위한 활동으로서 각종 연구회나 세미나, 현장 답사 활동 등으로 이루어지고 있다.

셋째, 국제교류 활동은 청소년들에게 더 넓은 세계를 체험하게 함으로써 새로운 지식을 습득케 하고, 국제 협력의 정신 및 건전한 국가관과 세계관을 배양하기 위한 활동으로 세계 여러 나라에 흩어져 있는 같은 시기에 있는 계층과 상호 교류 및 국제회의의 참가, 시찰 연수, 국제 캠프 등의 형태로 이루어지고 있다. 따라서 국제교류 활동은 청소년들에게 국제화 시대에 부응하는 국제사회에서의 주도적 역군으로 성장할 수 있는 기회를 제공한다.

넷째, 지역사회 개발활동은 청소년들로 하여금 각종 봉사활동을 통해 국가나 지역사회에 공헌할 수 있는 기회를 제공하며, 타인과의 협력 및 협동정신을 배양하고, 향토에 대한 애향심과 나아가 애국심을 고취시키는 활동이다. 이러한 활동에는 근로봉사, 교육봉사 및 농촌봉사와 도시봉사, 불우이웃돕기 등이 있으며, 이러한 활동을 통해 청소년들을 민주시민으로 성장할 수 있도록 하고 있다. 이는 청소년을 더 이상 성인들의 선도 또는 보호의 대상이 아니라 지역사회의 주체로서 인식되어야 한다는 것이며, 청소년들로 하여금 자신이 생활하고 있는 가정, 학교, 사회의 발전 과정에 스스로 참여하게 함으로써 자신의 발전에 기여하게 하고 있다.

다섯째, 교육 활동은 청소년들의 사회화를 도모하기 위해 이루어지고 있는 활동으로서 직업교육, 기술교육 등이 주요 내용이며, 청소년들이 건전한 사회의 일원으로 성장할 수 있도록 교육하는 것이며, 불우한 청소년들이 생활 자립을 하고 사회에 적응할 수 있도록 유도하고자 하는 의도를 담고 있는 활동이다. 이러한 교육 활동에는 사회교육적인 측면뿐만 아니라 체육 활동도 포함되어 있는데, 이는 청소년들에게 건전한 인격을 함양하도록 하는 동시에 건강한 체력을 유지하도록 함으로써 건전하고 균형적인 청소년으로 성장할 수 있도록 하고자 하는 것이다.

여섯째, 문화행사 활동으로는 각종 공연회, 발표회, 전시회, 경연대회 등이 있는데, 이는 청소년들에게 직접 사회에 참여할 수 있는 기회를 제공해 주는 활동으로서 청소년들의 잠재력을 개발하며 능력의 발휘를 통해 자신을 재발견할 수 있게 해준다. 이러한 문화 활동을 통해 바람직한 청소년문화를 형성할 수 있도록 도와 준다.

일곱째, 협력 활동은 청소년들에게 타인과 협력할 수 있는 능력을 개발시키며, 타인을 수용함으로써 자아를 확장시켜 포용력 있는 인간으로 성장하게 하는 활동이다. 이러한 활동에는 다양한 형태의 청소년들 간의 모임, 성인들과의 모임, 지역사회와의 모임 등이 있다.

2 사회적 자본 형성과의 관계

청소년기 사회적 역할 습득과 다양한 인간 관계 형성의 상당 부분은 위에서 살펴본 바와 같이 단체 활동을 통해 경험하게 된다. 청소년 활동은 대부분 자발적인 선택과 참여에 의해 이루어지는데 청소년들이 주도적으로 참여하고, 다양한 역할의 습득이 이루어지며, 사회 참여의 기회를 얻게 되어 사회적 자본의 형성에 중요한 상관 관계가 있게 된다.

즉, 이러한 활동을 통해 형성된 사회적 자본은 장래 청소년이 성인으로 성장하여 건전한 사회 활동을 영위하는 데 자립의 가능성을 높여 주고(김지연, 2004: 51-61), 선진화된 민주 시민 사회에서 수준 높은 사회 구성원으로서의 모습을 견지할 수 있다는 점에서 그 의미를 부각시킬 수 있다.

사회적 자본론의 창도자인 퍼트남(Putnam, 1995: 664-665))은 사회적 자본을 참여자들이 협력하도록 함으로써 공유한 목적을 좀 더 효과적으로 성취하도록 만드는 신뢰, 규범, 네트워크와 같은 사회조직의 특질이라고 정의한다.

여기에서 파악할 수 있는 것은 사회적 자본은 협력행위를 촉진시키는 능력이라는 점이다. 따라서 사회적 자본은 목적 달성을 위해 협동적이고 집합적인 노력이 요구되는 영역이라면 그것이 정치·경제·사회 영역이든 불문하고 협력 활동을 촉진시켜 문제 해결에 기여한다.

고도의 사회적 자본은 정부 제도의 효과적인 작동을 촉진시키고 부패를 감소시키며 정치 안정과 효율성을 증대시키고 경제 발전을 도모하는 동시에 청소년 범죄, 학교 자퇴 등 여러 가지 사회문제의 발생 빈도를 감소시킨다(Brehm & Rahn, 1997: 999-1023).

이러한 기본적인 사회적 자본에 대한 관점을 통해 청소년단체 활동과 사회적 자본 형성의 관계를 네 가지로 범주화하여 정리하면 다음과 같다.

첫째, 사회적 신뢰 형성이다. 우리나라의 경우 일반적으로 가장 많이 접하면서 참여 빈도가 높은 공동체는 동창회, 향우회, 종친회 등 학연, 지연, 혈연 등의 연고에 바탕을 둔 동질성과 폐쇄성이 높은 집단이 많은 것으로 나타나고 있다.

이는 청소년 스스로 선택하거나 조정할 수 없는 영역에서 형성되는 비제도적 사회적 자본으로서 엄격한 의미에서 볼 때 부모의 사회적 자본에 의존하여 결정되는 경우라고 볼 수 있다.

이러한 현실에서는 참여하는 단체의 수가 증가한다고 하더라도 사회 신뢰로 연결되기는 어렵다. 사회적 자본은 사회구성원 간의 면대면(face-to-face) 상호작용에 의해 신뢰와 호혜주의와 같은 협동을 위해 필요한 규범과 가치를 배양할 수 있다(유재원, 2000).

그동안 단체 활동을 사회적 자본 측정의 주요 지표로 활용되어 왔는데, 그 이유는 지속적인 상호작용을 가능케 하며, 개인적인 시각을 단기적인 관점에서 장기적인 이익을 향하도록 확장시키며, 비협조적인 행위에 제명을 포함한 다양한 제재를 가함으로써 집단행동의 딜레마를 극복하는 가치와 규범을 함양하고 내면화시켜 줄 수 있기 때문이다(Whiteley, 1999: 28).

이에 더 나아가 단체 구성원들 간에 형성된 가치와 규범은 사회 전체로 확산되어 공동 목적으로 향한 사람들 간의 협조를 용이하게 만드는데 기여한다.

단체 내부에서 함양된 신뢰와 호혜주의가 단체 외부로 확산되어 신뢰와 상호주의가 보편화되고 이를 통해 사회 전체의 단결력과 협동 능력을 높인다는 것이다.

따라서 청소년단체 활동은 자신의 선택에 따라 능동적으로 참여하여 새로운 관계 속에서 사회구성원으로서의 자질을 함양할 수 있다는 점에서 청소년 활동의 가치와 사회적 자본 형성 간의 밀접한 연관성을 찾을 수 있다(조남억, 2008: 39-40).

또한 사회적 자본에 대한 연구는 다양한 학문 영역에서 이루어지고 있는데 청소년 교육의 경우 특정한 청소년은 학교뿐만 아니라 다양하게 연결되어 있는 교육환경을 통해 사회적 자본을 축적할 수 있다고 주장한다(홍영란, 2006: 34).

그러나 청소년의 생활 실태와 성장 요인을 볼 때 사회적 자본 형성에 대한 논의가 교육 분야에만 한정지어 논의할 수는 없다(나영선 외, 2005: 7).

만일 청소년이 학교뿐만 아니라 가정과 지역사회에 있는 조직들과 신뢰를 바탕으로 폭넓은 관계를 형성하게 된다면 수준 높은 사회적 자본에 접근할 수 있을 것이다.

이는 학교뿐만 아니라 다양한 청소년 활동 영역에서도 사회적 자본의 형성이 이루어질 수 있음을 주장할 수 있는 근거가 된다(서혜숙, 2006: 53-56). 따라서 청소년 활동의 기본 단위라고 할 수 있는 청소년단체 활동에의 참여가 청소년의 사회 참여 기회의 확대 및 사회적 자립의 조건으로서 많은 시사점을 제공해 줄 수 있다.

둘째, 상호 호혜적 규범을 증진시킨다. 청소년의 입장에서 볼 때 다양한 단체에의 참여는 향후 성인이 되어 사회에서 만나게 되는 사람들의 다양성에 대한 감수성을 높여 줄 수 있다.

이를 호혜성의 측면에서 살펴보면 인간 사회에 개인주의적 행동 원리를 따라 움직이는 사람과 호혜성의 원리에 따라 움직이는 사람이 공존함을 경험적으로 인지할 수 있게 해 준다. 상대방도 나와 같겠거니 하는 막연하고 비현실적인 믿음은 예기치 않은 실패를 초래하여 당황하게 만든다.

따라서 청소년단체에의 참여 및 활동 경험은 인간의 다양성에 대한 경험적 감수성을 높여 불필요한 시행착오를 막을 수 있게 해 준다(김태종, 2006: 36-38).

즉, 청소년단체에의 참여는 협력의 규범과 실제의 리더십, 노하우를 배울 수 있게 해 준다. 공동체에서의 성공적인 협력의 경험은 다른 상황에서도 협력을 통한 공영(共榮)을 바라볼 수 있게 해 주고, 그 성공을 위한 실제적인 노하우도 터득할 수 있게 해 줄 수 있다는 것이다.

다만 이러한 효과는 참여하는 단체의 성격에 따라 크게 좌우될 수 있다. 동질적인 집단이 폐쇄적·수직적인 공동체를 이루고 있는 경우 공동체의 의사결정 과정은 내부의 수직적 권위와 전통에 의지할 가능성이 높다.

이 경우 상호 호혜성을 배양하는 학습 효과는 떨어질 수밖에 없다. 오히려 결속된 공동체가 지대 추구적인 행동을 하는 것을 경험하거나 자신을 포함한 구성원을 부당하게 대우하는 것을 경험할 경우 사회 내의 다른 집단, 다른 공동체에 대해서도 불신의 감정이 증가할 가능성조차 있다.

반대로 다양한 배경을 가진 사람들이 함께 어울려 수평적으로 상호작용하는 가운데 협력하는 공동체를 생각해 보면 이러한 공동체 내에서의 성공적인 협력의 경험은 공동체 밖에서 만나게 되는 자신과 다른 배경을 가진 이들과의 협력 가능성이 높아져 공동체적 삶의 질을 높이는 계기가 될 수 있다.

셋째, 원만한 네트워크(관계구조)가 형성된다. 정치, 경제, 사회생활의 질을 향상시키는 데 사회적 자본이 중요한 이유는 그것이 개인의 사익 추구의 동기에서 유발되는 집단행동의 딜레마를 극복하여 공동선의 구현을 좀 더 용이하게 만들기 때문이다.

협력하면 상호간에 더 나은 결과를 얻을 수 있음에도 불구하고 비용을 지불하지 않으면서 협력의 편익을 향유하려는 무임승차의 동기에서 인간 행동은 비협력으로 귀착되는 경우가 많다.

사회적 자본은 이처럼 사회적 의무감 또는 사회적 관계라는 의식 없이 사익과 지대를 추구하는 이기적이고 자기 중심적인 개인을 공동의 이익과 공동선을 지향하는 시민공동체의 구성원으로 탈바꿈시킴으로써 사회를 하나로 묶어 주는 사회적 접착제의 역할을 수행한다(Newton, 1999: 4).

넷째, 민주시민 의식의 제고이다. 청소년단체의 활동을 통해 청소년은 민주시민으로서의 자질 향상과 사회적 역량의 개발, 사회 참여 의식의 제고, 건전한 국가관·가치관의 정립 등 민주시민 의식이 높아져 국가·사회 발전에 상당한 공헌을 기대할 수 있다. 이는 다시 말해, 청소년기에 필요한 사회적 역할 습득과 다양한 인간 관계의 형성을 경험하게 되어 사회구성원으로서 지녀야 할 품성을 함양할 수 있게 된다.

즉, 중앙정부나 지방자치단체 등에서 이루어지고 있는 청소년 관련 정책결정에 청소년들의 참여를 제도적으로 확대하고, 청소년들의 의사를 적극 반영하여 나감으로써 정책의 실효성과 효율성을 증대하고 청소년들의 관심을 확산해 나갈 수 있다(한국청소년단체협의회, 1998: 14).

성인 중심의 사고와 관행으로 제한되고 유보된 청소년의 권리를 회복·신장시켜 기본권을 보장함으로써 청소년들이 행복을 향유할 수 있도록 하고, 이를 위한 사회적 여건을 조성하게 되면 청소년들의 시민권이 확대되어 민주 의식을 고취시켜 나갈 수 있다.

실제적으로 한국청소년단체협의회가 민주시민 교육과정으로 '청소년자치·인권전문 아카데미'를 상설 운영하고 있는 것과 청소년 스스로에 의한 민주적 체험과 시민단체와의 연대 활동을 장려하고 있는 모습(한국청소년단체협의회, 2002: 21) 속에서 민주 의식을 제고하기 위한 청소년단체 활동을 엿볼 수 있다.

이와같이 사회적 자본, 특히 사회 신뢰와 호혜적 규범의 육성을 위해서는 교육의 역할이 매우 중요하다. 소수자에 대한 관심과 배려, 다른 사람과의 소통 기술, 공영을 위한 협력의 방법 학습, 자원봉사 경험 체득 등에 다양한 채널이 존재하여 기회를 제공해 주어야 한다.

현재 활동하고 있는 다양한 청소년단체들은 각각 설립 목적에 따라 다양한 학습 프로그램을 운영하고 있는데, 이를 통해 청소년들에게 필요한 다양한 교육적 효과를 기대할 수 있다.

청소년단체 활동의 참여를 통해 형성되는 청소년기의 경험은 청소년의 삶의 질을 높이고 생활 역량을 개발할 수 있게 하며, 우리 사회의 지속적인 성장의 가능성을 높일 수 있다는 점에서 중요하게 다루어져야 한다.

사회적 자본은 단시간 내에 형성될 수 있는 것이 아니라 비교적 오랜 시간과 지속적인 노력이 요구되는 분야이므로 청소년기부터 사회적 자본의 형성을 위해 적극적으로 지원·육성해야 할 필요성이 있고, 이는 궁극적으로 장래의 수준 높은 사회적 자본의 형성에 대한 기대치를 갖게 한다.

1) 사회적 신뢰

신뢰란 서로 존중하는 방식으로 행동하고 기대했던 대로 대응할 것이라는 확신을 바탕으로 기꺼이 위험을 감수할 수 있는 사회적 관계이다(김일태, 1999: 5). 문헌상 신뢰와 사회적 자본과의 관계에서 동일한 개념으로 보거나, 근원으로 혹은 형식으로 파악하고 있다. 그러나 신뢰는 개념적으로 사회적 자본과 별개의 것이고, 둘 다 원인과 결과라고 볼 수 있다.

즉, 개념적으로 신뢰는 개인의 심리적 상태인 반면에 사회적 자본은 사회구조의 특징이라 할 수 있다. 또한 신뢰와 사회적 자본은 서로 강화시키는 역할을 하는데, 사회적 자본은 종종 신뢰의 관계를 만들고 만들어진 신뢰는 다시 사회적 자본을 만들어 낸다. 이러한 신뢰는 점진적으로 형성되는 상호적인 것이며, 세 가지 유형으로 구분해 볼 수 있다.

첫째, 계약적 신뢰로서 '각자가 하겠다고 말한 것을 서로 이행할 것이다'라고 상호 이해되고 있는 것이다.

이는 이해 당사자들이 가지고 있는 기대를 관리하고, 한계를 설정하고, 서로의 관심사를 격려해 주면서 적절히 권한을 위임하고, 각자의 행동에 일관성을 유지하는 것이다. 계약적 신뢰는 직장에서 일어나는 대부분의 상호 관계의 기초를 형성하고 있다.

둘째, 커뮤니케이션 신뢰로서 정보를 공유하고, 진실을 말하며, 실수를 인정하고, 비밀을 유지하고, 건설적인 과정을 주고받으며, 선의를 가지고 이야기하는 것이다.

이러한 행동들을 통해 자신을 드러내려는 의지의 표명이며 드러냄 자체의 질을 나타내는 것이므로 '자기 개방에 대한 신뢰'라고 특징지어 말할 수 있다.

셋째, 능력 신뢰로서 사람들의 지식, 기술, 재능, 판단을 존중하는 것, 다른 사람들을 참여시켜 그들의 노력을 이끌어 내는 것, 사람들이 기술을 배울 수 있게 도와 주는 것과 관련이 있다.

사람들의 개개인의 가치는 종종 직무에 대한 그들의 능력에 의해 측정된다. 따라서 능력 신뢰는 '잠재 능력에 대한 신뢰'로서 요구되는 역할을 잘할 수 있는 능력과 다른 사람들과 효과적으로 상호작용하는 역량을 의미한다. 다시 말해, 특정 과제를 적절하게 완수하기 위해 어떤 사람에게 의존할 수 있는 정도를 의미하는 것이다.

신뢰는 사회적 자본을 구성하는 가장 본질적인 요소로 개인과 단체생활, 공공 활동에서의 행태, 태도, 성향에 기초가 되는 개념이다. 또한 가족, 친구, 지역사회 및 기타 자발적 단체, 정부 등은 신뢰를 양산하는 습관과 가치를 배양한다(박희봉, 2002: 200).

2) 상호 호혜적 규범

호혜성(reciprocity)이란 공정하고 선의에 기반을 둔 상대방의 행위에 대해 물질적으로 발생한 손해를 감수하고서라도 이에 우호적으로 응대하며, 불공정하거나 기회주의적인 상대방의 행위에 대해 역시 물질적 손해를 감수하고서라도 이에 보복하고자 하는 경향으로 마치 황금률과 비슷한 개념이라 할 수 있다(조남억, 2008: 54).

사회적 규범(social norms)은 한 사회 혹은 공동체의 구성원들이 특징적으로 갖고 있는 규칙(rules), 가치(values), 그리고 기대(expectancies)를 가리킨다.

이러한 규범 중에는 행태적인 요인과 감정적·심리적인 요인이 모두 포함되는데, 전자는 실제 행동의 규범을, 그리고 후자는 공동체나 집단에 대해 느끼는 감정을 의미한다. 집단행동의 문제(collective action problem) 해결 등을 위한 사회구성원 간 협력에서 가장 중요한 행태적 규범으로 지적되는 것은 상호주의 혹은 호혜성의 원칙이며, 감정적인 측면에서 중요한 가치는 상호 신뢰(trust)이다.

많은 이론가가 사회적 자본은 주로 공유되는 규범에 바탕을 두고 있다고 본다. 즉, 사람들이 제때에 빚을 갚고 자선단체에 기부금을 내며, 교통규칙을 준수하는 것은 이와같이 행동해야 한다는 의무감을 느끼기 때문이다.

그러면 그러한 행동을 가능하게 만드는 습득된 규범은 다른 사람들에 의해 사용할 수 있는 자원이 된다. 이러한 경우 사회적 자본의 보유자는 지불 못할 걱정 없이 대부를 더 많이 할 수 있고, 개인 자선단체로부터 혜택을 받으며 사회안전망에 대한 두려움 없이 안전하게 생활할 수 있는 지역사회의 일원들이라고 할 수 있다.

콜먼은 효과적인 규범은 도시에서 밤길을 자유롭게 걸을 수 있도록 범죄를 막고, 노인이 안전에 대해 걱정하지 않고 집에 머물 수 있게 한다고 했다.

특히 포트와 퍼트남은 일반적인 호혜성의 규범에 초점을 두고 있는데, 호혜성 또는 호혜주의는 계산되어진 교환이나 기회주의에 의한 것이 아니라 단기적인 이타주의와 장기적인 자기 이익 사이의 조화에 의한 것이라 할 수 있다.

따라서 이러한 호혜주의의 규범은 공동체적 삶을 지향하여 서로 도움을 주고받으며, 공공행위의 문제를 해결하고 지역사회를 결집시키는 역할을 하고 있다.

3) 네트워크

많은 연구자가 개인, 집단, 조직의 사회 네트워크를 사회적 자본의 가장 중요한 요소로 보고 있는데, 이것은 개인 및 집단 간 관계에 가장 중요한 요소이기 때문이다.

이론가에 따라서는 사회의 내부적 연대에 초점을 맞추기도 하는데, 여기에서 네트워크라는 용어는 종종 단순히 비공식적 대면적 상호작용이나 시민 참여 또는 사회 클럽의 멤버십을 의미한다(Adler & Kwon, 2000: 97).

하지만 네트워크 이론가들은 네트워크가 행위자의 사회적 자본에 대한 직접적 유대와 그것이 내재하는 더 넓은 네트워크의 전체 구조에 의해 그들에게 영향을 주는 간접적 유대 모두에 영향을 미친다고 보고 있다.

한편 네트워크 유대의 수뿐만 아니라 네트워크 관계의 구조도 연구되고 있는데 콜먼은 네트워크 구조의 폐쇄성에 대해, 퍼트남은 네트워크의 밀도에 대해 연구를 했다.

사회적 네트워크, 즉 연결망은 얼마나 많은 사람과 공식적·비공식적으로 연결되어 있는가 하는 것이다. 물론 이러한 연결 및 관계 자체가 반드시 긍정적인 것은 아니며, 때로는 경합적이고 혐오적인 관계가 형성될 수도 있다.

좀 더 세부적으로 보면, 사회적 연결망은 그 밀도(density)와 폐쇄성(closure)의 측면에서 특징지을 수 있는데, 밀도란 한 사회 혹은 집단 내 얼마나 많은 비율의 사람을 알고 있는가를 의미하며, 폐쇄성이란 집단 내 연결이 집단 간 연결에 비해 얼마나 강한가를 의미한다(Halpern, 2005: 10).

네트워크는 지식과 정보의 교환과 조직 활동의 참여에 기여하는데 네트워크의 형성은 신뢰와 규범의 형성에 영향을 미쳐 사회적 상호작용 및 지식의 교환에 참여하도록 동기를 부여한다.

4) 민주시민 의식

시민 의식(citizenship)은 사회를 통해 형성되는 개인의 자아정체(self identity)라고 할 수 있기 때문에 사회생활에서 시민들이 형성해야 할 자아정체는 '개인으로서의 개인적 정체(personal identity)'와 '사회구성원으로서의 사회적 정체(social identity)' 두 가지를 모두 포함하는 것으로 파악해 볼 수 있다.

따라서 개인의 생애 능력으로서 시민 의식은 인적 자본과 사회적 자본을 기반으로 한 개인적 정체와 사회적 정체를 통해 형성될 수 있다.[12)]

인적 자본은 자격, 지식, 기술, 건강, 학습 동기 등의 하위 요소들이 축적됨에 따라 긍정적인 자아정체성과 시민 의식 형성에 기여한다. 한

12) 여기에서 개인적 정체는 개인의 성격, 능력 또는 신체적 특징과 같은 그 개인에게 대한 고유한 특성에서 비롯되는 것이고, 사회적 정체는 개인이 속한 사회구성원으로서의 역할에 대한 신념에서 비롯되는 것으로 볼 수 있다(김태준, 2003: 28).

편 사회적 자본은 시민 참여, 가족, 인간 관계 및 사회적 네트워크, 신뢰 등을 기반으로 형성된다.

현재 한국 사회에서 심각한 문제로 대두되고 있는 물질만능주의 풍조, 탈법, 불신 풍조 등을 극복하기 위해서는 도덕성, 준법정신, 상호 신뢰 등 긍정적인 사회적 자본을 형성하기 위한 성숙한 시민 의식이 절실하게 요구되고 있는 실정이다.

시민 의식의 육성을 위해서는 무엇보다도 우리의 현실과 문화적 정서에 적합한 구성 요소를 규명하고 개념화하는 작업이 우선적으로 선행되어야 한다. 아울러 이를 교육 현장에서 실질적으로 이루어지게 하기 위해서는 시민 의식의 구체적인 능력에 대한 규명과 능력 육성을 위한 학습 지원 시스템에 대한 구축이 필요하다.

민주주의의 중심이 되는 특징 중의 하나는 정치 과정에 참여하는 것이다. 그 전제 조건이 되는 것이 정치적 관심과 정치적 정보에 대한 노출이다. 이러한 배경 속에 어느 정도나 자신의 정치적 의견을 피력하고 있는가와 자신의 이해 관계에 따라 추구하는 정도의 적극성으로 시민 의식의 수준을 파악해 볼 수 있다.

또한 사회 규범에 비추어볼 때 부당한 행위를 자신이 직접 위반하거나 타인의 위반행위에 대한 태도가 어떠한가도 중요한 요인이 될 수 있다. 공동체적 삶을 지향하는 가운데 공통적으로 적용되는 각종 사회적 규범에 대한 일탈적 모습이 최소화될 때 선진 문화를 향유하게 되고 국가 사회의 발전 가능성을 예견해 볼 수 있다.

제 3 장 사회적 자본과 NGO

퍼트남(Putnam, 2000)은 1980~1990년대 초반 미국 사회에서 볼링 인구는 증가 추세인 반면 볼링단체는 감소하는 흥미로운 현상을 발견했는데, 그 이유가 나홀로 볼링족(Bowling Alone) 증가로 보고, 50만 명 이상의 시민과 면접을 통해 사람들은 더 적은 수의 조직에 가입하고, 더 적은 수의 이웃과 친분 관계를 맺으며, 친구들과의 만남이나 가족과의 관계가 소원해지고 있다는 사실을 발견했다.

퍼트남은 이 연구를 통해 직장, 가족구조, 세대, TV, 컴퓨터 여성의 역할, 기타 다른 요소들이 사회적 자본의 감소에 일조하고 있다는 사실을 보여 준다. 이는 사회적 자본이 급감하면서 우리의 공동체와 삶이 피폐해져 가고 있다는 경고의 메시지를 전달하고 있다.

퍼트남(Putnam, 1993)은 이탈리아 지방정부의 자치 효과 도입 사례에서 흥미로운 사실을 발견했다. 발견 남부지역의 경우 서로 신뢰하지 못하고, 공동의 문제를 해결하는 협력 정신도 부족할 뿐만 아니라, 자발적 결사체 또한 북부지방과의 비교할 때 절반에 지나지 않는다는 것이다. 사회적 자본의 차이가 정치·행정적 제도의 성패를 좌우한다는 것으로 요약된다.

후쿠야마(Fukuyama, 1995)는 미국 도심부 소규모 업체의 경우 흑인 소유가 거의 없고, 유대인이나 한국인 등 다른 인종집단에 의해 지배되고 있다는 현상에 대해 연구했다.

그는 공동체 성향이 결여되어 있을 때에는 경제적 기회가 주어지더라도 이를 활용할 수 없음을 지적하고 있는데 원인을 콜먼(J. S. Coleman)이 말하는 "사회적 자본은 사람들이 공동의 목적을 위해 단체와 조직 내에서 일할 수 있는 능력"의 차이에서 찾고 있다.

전통적으로 자본의 개념은 천연(natural), 물리적(physical), 인적(human) 자원의 세 가지를 중심으로 논의되어 왔다.

이 세 가지 자본 개념은 단지 공동체나 경제 발전의 일부분밖에 설명하지 못하는 이유를 자본 개념은 경제 행위자들이 상호작용을 하는 방식이나 상호 조직화하는 과정에서 설명하지 못하기 때문으로 볼 수 있다.

제 1 절 사회적 자본의 의의 및 이론적 논의

1 사회적 자본의 의의

사회적 자본은 사회학, 정치학, 경제학, 행정학, 경영학 등 다양한 분야의 학자들로부터 지대한 관심을 집중시키고 있으며, 사회적 자본에 관한 연구에서 학자들의 관심과 연구 목적에 따라 이웃, 지역사회, 조직, 국가 및 국제사회 등 다양한 수준에서 수행되고, 그 정의도 다양하다.

사회적 자본이라는 용어를 처음 사용한 학자는 하니판(Hannifan, 1920)이며, 처음에는 크게 주목받지 못했고, 일상 사람들의 사회적 삶의 중요한 부분을 차지하는 선의, 동료애, 동정, 사회적 교제 등과 같은 실체를 사회적 자본이라고 보았다. 또한 그는 사회적 자본이란 이웃 등과의 교제가 늘어날수록 축적되는 자본으로 구성원들의 사회적 욕구를 충족시키고, 공동체 내에서 생존 조건을 개선시키는 잠재성을 갖고 있는 실체라 보고 있다.

콜먼(Coleman, 1988)에게 사회적 자본은 "두 가지 이상의 요소가 포함되어 다양한 복합체로서 사회구조 내 행위자의 특정한 행동을 촉진시킴"으로 정의되며, 특정 집단의 사회구조가 집단 성원들이 활용할 수 있는 자원으로서 어떻게 가능한가를 나타내는 개념으로 보고 있다. 콜먼은 사회적 자본이 행위자 간 구조 내에 존재한다고 보고 신뢰, 호혜적 규범 등에서 사회적 자본의 존재를 찾을 수 있다고 설명한다.

사회적 자본은 세 가지 형태로 구분할 수 있는데, 최협의의 개념은 퍼트남(Putnam, 1993)의 논의와 연계된다. 사회적 자본은 사회적 네트워크(시민에 대한 개입이 이루어지는 연계망)로 구성되어 있으며, 공동체의 생산성에 영향을 미치는 호혜적 규범과 연계되어 있다고 보고 있으며, 상호 이익을 위한 조정과 협력을 가능케 하는 네트워크, 규범(norms), 사회적 신뢰(trust)라 정의하고, 사회적 자본 이론의 핵심은 사회적 네트워크가 가치를 지니고 있다고 설명한다.

광의의 개념은 콜먼(Coleman, 1988)에 따른 정의로 사회적 자본을 "두 가지 공통점(두 가지 이상의 요소)을 지닌 다양한 개체(복합체)(entities)라고 본다. 여기서 두 가지 공동점(요소)이란 첫째, 이들 개체는 사회구조의 양상을 띠고 있어야 하고, 둘째, 사회구조 내에서 행위자들–개인 혹은 기업 등–의 특정한 행위를 촉진하는 특성을 지니고 있다는 점인데, 이러한 정의는 수평적 결사체뿐만 아니라 수직적 결사체까지로 개념이 확장되었다. 수직적 결사체들은 계층적 관계라는 특성을 띠며, 구성원 간 불균등한 권력 배분을 특징으로 한다. 특정한 행위를 촉진하는 일정 형태의 사회적 자본은 다른 성원들에게 무익하거나 해로울 수 있다는 점을 밝히고 있다.

최광의의 개념은 정치사회학적 환경을 포함한 견해로 환경은 사회구조를 형성하며, 규범을 발전시키는 역할 수행 관계의 사회적 자본에 더해서 최광의의 사회적 자본은 공식화된 제도 관계와 구조를 포함하고 있다. 이 경우 정부, 정치 제도, 법치, 시민적, 정치적 자유 등도 포함된다(North, 1990; Olson, 1982)의 제도 개념).

이러한 세 가지 사회적 자본 개념 구분을 대체적으로 보아서는 안 되며, 사회적 자본에 대한 각기 다른 인식 표명이라고 보는 것이 타당하다. 경제·사회적 결과에 대한 영향을 극대화하기 위해서는 수평적이고 수직적인 결사체, 거시 제도는 함께 공존해야 한다. 예를 들면, 거시 제도들은 지역적 결사체들이 발전하고 번성할 수 있는 환경을 제공한다. 반대로 지역 결사체들은 지역 내 또는 국가 차원의 제도가 지속 가능하도록 힘을 실어 줄 수 있다. 그뿐만 아니라 어느 정도의 안정성도 부여할 수 있다. 이러한 종류의 보완성으로 인해 사회적 자본은 사회 발전에 기여할 수 있게 될 것이다.

제도론적 시각에서의 사회적 자본에서 사회적 자본이란 사회적 상호작용에서 거래비용을 줄이고, 사회적 능률을 제고하는 사회적 신뢰, 호혜적 규범, 네트워크, 민주시민 의식이라고 정의할 수 있다. 또한 상호신뢰에 기반한 네트워크는 구성원 간의 원활한 상호 교류를 가능하게 하고, 이때의 네트워크와 규범은 공식적일 수도 있고, 비공식적일 수도 있다.

광의의 제도론적 시각(North, 1990; Olson, 1982)에 따를 경우 사회적 자본의 분석 범위와 대상은 크게 확장된다. 이 경우 사회적 자본은 거시적 수준과 미시적 수준으로 대별할 수 있다. 거시 수준은 조직이 작동하는 제도적 맥락을 의미하는데, 공식적 관계와 구조로서 구체적으로 법의 지배(rule of law), 정치 레짐(political regime), 분권화 수준, 정책형성

과정에의 참여 수준 등이 포함된다. 미시 수준은 수평적 조직(horizontal organizations)과 네트워크가 발전에 공헌하는 잠재적 기여분을 나타낸다.

미시 수준은 다시 인지적(cognitive) 수준의 사회적 자본과 구조적(structural) 수준의 사회적 자본 등 두 가지 유형으로 구분된다.

인지적 수준의 사회적 자본은 가치, 신념, 태도, 형태, 사회 규범, 등 무형적 차원의 사회적 자본－신뢰(trust), 연대감(solidarity), 상호성(reciprocity)－으로 공동체의 구성원들 사이에 공유되며, 공공선을 위해 협력하는 조건을 형성하고 있다.

구조적 수준의 사회적 자본은 수평적 조직과 네트워크를 통해 구성되고 있다(집합적이고 투명한 의사결정 과정, 책임감 있는 리더, 집합적 행동과 상호책임성의 관행 등이 포함된다).

2 자본의 의미

1) 자본으로서의 특징

자본은 인적 자원, 물적 자원, 천연자원이 존재하는데, 지속적인 개발 또는 경제 발전을 위해 세 유형의 자본과 사회적 자본이 적절하게 결합해야 한다. 예를 들면 아프리카 일부 국가의 경제 발전 과정에서 세계은행 등 국제기구의 원조와 지속적인 지원에도 불구하고, 여전히 가난에서 벗어나지 못하는 이유를 사회적 자본이 축적되지 않았고, 축적을 위한 여러 사회 제도적 조치가 선행되지 않았다는데서 찾아볼 수 있다.

사회적 자본은 다른 자본과 어떠한 유사점과 차이점을 갖는가?

먼저 차이점은 다음과 같다.

첫째, 사회적 자본은 무(無)에서 창출될 수 있는 것으로서 집단적 행동을 위한 투입이자 산출이라는 점에서 여타의 자본과 차이가 있다.

둘째, 사회적 자본은 행위자 속에서 존재하는 것이 아니라 상호작용(관계)과 제도에 대한 신뢰에서 만들어지는 것으로 사회구성원의 상호작용은 사회 전체를 위한 유용한 편익을 창출한다.

셋째, 사회적 자본은 최소 2인 이상의 상호작용을 필요로 하므로 로빈슨 크루소 경제와 같은 1인 체제에서는 축적될 수 없다는 것 또한 여타 자본과 차이가 있다. 사회적 자본은 공공재의 특성을 공유하고 있으며, 이는 최적의 생산량을 확보하기 위한 여러 조건에 대한 논의를 가능케 한다.

또한 유사점을 살펴보면 다음과 같다.

첫째, 사회구성원 간 신뢰를 확보하기 위해 시간이 요구되는 것과 마찬가지로 사회적 자본을 축적하기 위해 투자가 필요하다.

둘째, 세계의 많은 국가에서 볼 수 있듯이 신뢰는 파괴하는 데보다 축적하는 데 더 많은 시간을 필요로 하며, 특히 전쟁, 지속적인 갈등 등을 해결하기 위해서는 더 많은 노력을 필요로 한다.

3 사회적 자본의 측정 방법

사회자본론자들은 결사체 활동과 신뢰, 호혜주의를 측정하는 값을 사회적 자본의 핵심 지표로 사용하고 있다. 사회적 자본의 측정에는 사회조직 참여에 따른 정치적인 행동, 사회공동체의 참여, 정치에 대한 관심도에 미치는 영향을 포함하고 있다.

사회적 자본은 정부 및 공적 제도에 대한 신뢰를 포함하는 개념으로서 관료 및 공적 제도에 대한 신뢰를 통해 측정될 수도 있다.

다른 측정 방식으로는 한 사회의 일반적인 신뢰와 호혜주의와 관련되고 있다. 예를 들면, 신뢰는 선행을 베풀면 즉각적이고 자동적으로 보상이 이루어진다는 가정에 따른 '맞교환(tit for tat)' 성격의 치밀한 계산이 아니며, 오히려 언젠가는 선행에 따른 보상을 받게 될 것이라는 믿음에 입각하게 된다(Coleman, 1988). 이러한 점에서 신뢰와 호혜주의는 유사 관계에서 존재한다. 사회적 자본 측정지표에 어떠한 항목들이 해당되는가에 대해서는 다양한 견해가 존재한다.

표 3-1 사회적 자본 지표

사회적 자본의 측면	구체적 지표
수평적 결사체	- 결사체 혹은 지역기관의 수/유형 - 참여적 의사결정의 정도 - 결사체 내 친족적 동질성의 정도 - 결사체 내 수입 및 직업의 동질성의 정도 - 공동체 구성원과 가계 내 신뢰 정도 - 정부에 대한 신뢰 정도 - 노동조합에 대한 신뢰의 정도 - 공동체 조직화 정도에 대한 인식 - 지원 네트워크에 대한 의존 - 송금으로부터 얻는 가계수입의 비중 - 노년층 부양 비율
시민사회 및 정치사회	- 시민 자유화 지수 - 정치적 차별을 받고 있는 인구 비율 - 경제적 차별을 받고 있는 인구 비율 - 분리주의 운동에 관여하는 인구 비율 - 프리덤하우스의 정치적 자유 지수 - 민주화 지수 - 부패지수 - 정부 효율성 지수 - 민주적 제도의 강도 - 인적 자유의 정도 - 정치적 안정성의 정도 - 정부의 탈집권화 정도 - 투표 참가율 - 정치적 암살사건 - 헌정 정체의 변화

	- 쿠데타
사회 통합	- 사회 이동성(social mobility)의 지수 - 사회적 긴장의 강도 - 민족언어적 분절 정도 - 폭동과 항의 집회 - 파업 - 자살률 - 살인률, 기타 범죄율 - 10만 명당 수감자 수 - 편부모 가정의 비율 - 이혼율 - 청년 실업률
법적 · 거버넌스적 측면	- 관료의 질적 수준 - 법성 시스템의 독립성 - 몰수 및 국유화 위험도 - 정부 계약에 대한 신회 정도 - 계약 집행성

자료: Grootaert(1998).

제 2 절 사회적 자본의 형태

사회적 자본 형태는 구조적 수준의 사회적 자본(structural social capital)과 인지적 수준의 사회적 자본(cognitive social capital)으로 구분된다.

구조적 수준의 사회적 자본은 확립된 역할, 사회적 네트워크, 다른 사회적 구조와 관련되어 규율, 절차 및 전례(precedent) 등의 협력을 통해 정보 교환 및 집단적 의사결정을 가능케 한다(객관성을 가진 개념).

인지적 수준의 사회적 자본은 사회에서 통용되는 규범, 가치, 태도, 믿음 등을 지칭한다(주관적이며, 과학적으로 측정 불가한 개념).

다른 견해를 제시하는 학자들은 제도적 자본과 관계적 자본으로 구분하고, 제도적 자본을 집합적인 행동하는 기반으로서 거래(예: 시장, 법적 구조틀 등)로, 관계적 자본을 집합적인 행동하는 기반으로서 관계(예: 가족, 윤리, 종교 등)로 보고 있으며, 동기의 근원으로 제도적 자본에는 역할, 규칙과 절차, 제제를, 관계적 자본에는 신념, 가치, 이데올로기로 보고 있으며, 동기의 본질로 제도적 자본은 행동으로 관계적 자본은 적절한 행동으로 보고 있다. 이러한 유형 구분은 사회적 자본의 제도적 성격을 부각시킨다는 면에서 시사하는 바가 크다.

표 3-2 사회적 자본의 두 가지 형태

	제도적 자본	관계적 자본
집합적 행동의 기반	거래	관계
동기의 근원	역할 규칙과 절차 제재	신념 가치 이데올로기
동기의 본질	극대화 행동	적절한 행동
예	시장, 법적 틀	가족, 윤리, 종교

1 사회적 자본의 범위

1) 미시(micro) 단위의 분석

퍼트남(Putnam, 1993)은 개인과 가계의 네트워크와 관련된 규범과 가치 등 공동체의 외부성을 창출하는 사회조직의 특성으로 사회조직은 다양한 조직을 포함하여 조직의 임무, 공유하는 가치, 일반인의 참여 여부, 공적 가치 창출 여부 등에 의해 유형을 구분하고, 사회적 자본이란 일련의 공동체의 사회적 생산성에 영향을 주는 사람들 간의 '수평적 결사체'들을 포함하고 있다.

2) 중간(meso) 단위의 분석

콜먼(Coleman, 1990)은 사회 구조 내에서 개인과 단체의 특정 행동을 가능케 하는 여러 객체로 정의하고, 그룹 간의 상호작용을 통해 발생하는 무형 자산(타인에게 쓸모없거나 해로울 수도 있다는 의미를 내포)으로 수평적인 조직과 더불어 수직적인 관계를 보이는 조직을 모두 포함하며, 여기서 수직적인 관계는 계층적이며, 힘의 분산이 비대칭적인 경우까지도 포함하고 있다.

퍼트남(Putnam, 1993)은 초기 연구에서는 사회적 자본이 긍정적인 외부성의 효과가 있는 것으로만 가정한다. 이후 이태리의 마피아, 일본의 야쿠자 등의 예를 들어 조직구성원에는 긍정적인 사회적 자본의 효과를 내고 있으나 사회 전체에 대해서는 부정적인 영향을 미치는 것이라고 했다.

3) 거시(macro) 단위의 분석

노스(North, 1990), 올슨(Olson, 1982)은 사회적 구조 및 조직과 사회의 규범에 영향을 미치는 사회적이며 정치적인 거시환경을 포함시켜 설명하는데, 비공식적이고 공동체적이며, 수평적인 미시 단위 개념, 수직적인 관계에 대한 중간 단위 개념, 정치적 정권, 법의 질서, 사법 제도, 정치 및 결합의 자유 등의 거시적인 개념까지 포함하고 있다.

2 NGO와 사회적 자본

사회적 자본은 사회구성원과 다른 구성원 또는 조직 간의 상호작용에서 발생하는 사회적・경제적 개념으로 시민사회에 대한 논의가 활발하게 진행되고 있는 현 상황에서 중요한 시사점을 제시하고 있다. 시민사회가 다양하고 복합적인 사회과학적 현상이듯 사회적 자본 역시 다차원적이며 다원주의적인 접근이 필요하다.

시민사회(civil society)의 영어 어원은 아리토텔레스의 *politike koinoia* 로서, 라틴 번역에 기초한 것이다. 이러한 시민사회는 정부와 피지배자의 사이에 존재하는 것으로 해석한다. 18세기에 시민사회가 공간적인 개념으로 등장하기 시작하고, 점차 정부로부터 자유롭게 일정 시민들의 관심사 또는 목표 달성을 목적으로 결성된 결사체들이 등장하면서 새로운 계기를 마련했다.

미츠닉(Michnik, 1985)은 현대 사회의 시민사회에 대한 관심은 폴란드에서의 군부와 이에 대항한 Solidarity 운동에 기초한 것으로 보고 있으며, 뷰캐넌(J. M. Buchanan)과 털럭(G. Tullock) 등의 학자는 이익집단의 지대 추구적 행태에 대한 반대급부로 구성된 비영리적이고 자발적이며 자생적인 부분을 시민사회로 보았던 반면, 보수적인 성향의 학자들은 비영리 부문의 '영리적 활동'과 비도덕적인 사업 방식에 문제를 제기하면서 시민사회를 정부 및 비영리 부문과 분리하여 제3부문(the third sector)으로 칭하고 있다.

마르크스(Marx, 1977)는 시민사회가 "개인이 다른 개인을 수단으로 취급하여 개인적인 목적을 성취할 목적으로 조성된다"고 역설한다. 마르크스 이후 수마리왈라(R. Sumariwalla), 갬웰(F. Gamwell) 등의 2분법 논의에서 벗어나 3자 모형, 4자 모형에 일부분으로 포함되는 모습을 보이기도 하며, 최근에 코헨(J. Cohen), 아라토(A. Arato)의 3섹터 모형인 국가-경제-시민사회라는 3각 구조와 반 틸(J. Van Til), 바우어(Rudolph Baue)의 4각 구조로 가장 많이 설명되고 있다.

시민사회의 기능을 세 가지로 구분해 설명할 수 있는데, 첫째, 사회화 기능으로 시민사회의 결사체들은 유일하지 않을지라도 주요한 역할을 담당하며, 시민의 기술을 개발하고, 그 기술을 사용할 수 있도록 시민을 자극한다. 둘째, 공적·준공공적 기능을 수행하여 시민사회의 결사체들은 병자를 치유하고, 고통받는 사람을 상담하며, 극빈자를 지원하고, 젊은이와 노인들을 교육시키며, 문화를 형성하는 등 현대 사회에서 필요로 하는 많은 것을 제공한다. 셋째, 시민사회의 '대변적 기능'으로 시민사회는 다양한 이익과 다양성을 표출할 수 있도록 공적 토론을 자

표 3-3 수마리왈라(Russy Sumariwalla)의 2섹터 모형

<table>
<tr><td rowspan="3">공공섹터</td><td colspan="3">민간섹터</td></tr>
<tr><td rowspan="2">영리섹터</td><td colspan="2">비영리섹터</td></tr>
<tr><td>공익단체</td><td>집단이익 추구단체</td></tr>
</table>

표 3-4 갬웰(Franklin Gamwell)의 2섹터 모형

<table>
<tr><td rowspan="4">정부조직</td><td colspan="4">비정부조직</td></tr>
<tr><td rowspan="3">사적 특성</td><td colspan="3">공적 특성</td></tr>
<tr><td rowspan="2">배타적</td><td colspan="2">비배타적</td></tr>
<tr><td>정치적</td><td>비정치적</td></tr>
</table>

표 3-5 코헨(Jean Cohen), 아라토(Andrew Arato)의 3섹터 모형

<table>
<tr><td rowspan="4">국가</td><td rowspan="4">경제</td><td rowspan="4">시민사회</td><td>가족</td></tr>
<tr><td>결사체</td></tr>
<tr><td>사회운동</td></tr>
<tr><td>공공 의사소통</td></tr>
</table>

표 3-6 반 틸(Jon Van Til)의 4섹터 모형

정부	기업
제3섹터	비공식섹터

표 3-7 바우어(Rudolf Baue)의 4섹터 모형

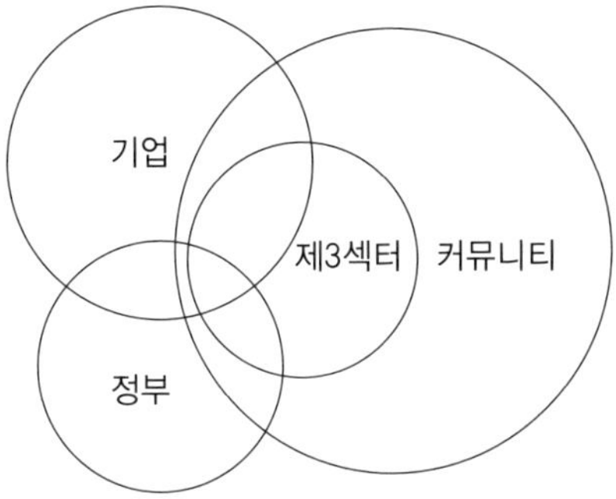

극하며, 정부가 공익을 위해 활동하도록 압력을 행사한다.

서구의 연구자들은 NGO 활동이 사회적 자본 축적에 영향을 끼친다는 것에 대부분 동의하는데 토크빌(Tocqueville, 1984)은 자발적이고 수평적인 다양한 결사체에 의해 미국 사회가 민주적 규범과 신뢰 협동심을 형성하게 되었으며, 나아가 시민사회 발전에 이바지하고, 구성원 공동의 욕구와 목표를 수행하는 바탕이 되며, 박희봉(2002)은 NGO 가입이 사회적 자본을 증진시키는 이유는 사회적 자본의 특성에서 찾아볼 수 있다고 보고 있다.

또한 콜먼(Coleman, 1988)이 주장한 바와 같이 사회적 자본은 물적·인적 자본과는 달리 인간 관계 내에 존재하기 때문에 i) 조직구성원들의 사회화, ii) 신뢰와 협동의 필요성 교육, iii) 시민을 정치 체제 및 기관과 연결, iv) 집단적 이익 표명, v) 다양한 경쟁력 및 협력을 통해 다원화된 정책 구성으로 NGO에 가입한 사람들이 증가할 경우 사회적 자본이 증가한다고 보고 있다.

시민 간의 네트워크가 상호작용의 규범을 발전시키고, 조정과 의사소통을 가능하게 만들어 다른 사람에 대한 신뢰가 증가하게 되며, 사회적

신뢰와 주민 간의 연대는 밀접한 관계를 맺는다는 등의 연구 결과는 "사회적 자본의 각 요소 간에 서로 밀접한 상관 관계가 존재"한다. 이는 결사체 생활이 사회적 자본 형성에 밀접한 관련이 있음을 시사하는 것이다.

콜먼(Coleman, 1988)의 연구 결과에 대한 부정적인 견해를 피력한 학자는 뉴턴(Newton, 1999)이다. 그는 북아일랜드에서는 가톨릭과 개신교를 중심으로 클럽, 단체, 자발적 조직이 분리됨으로 인해 오히려 사회의 분리와 갈등이 증폭되었다는 결과를 제시함으로써 결사체 활동의 부정적인 측면을 제시했다. 그러나 퍼트남은 어떠한 유형의 결사체라도 사회적 자본의 형성에 기여한다고 주장하고 있다.

마지막으로, 모든 유형의 NGO 활동이 사회적 자본을 형성하는 데 도움이 되고 있는가 하는 의문이다.

스톨과 로천(Stolle & Rochon, 1998)의 연구에서 이와 관련 두 가지 연구 주제를 제시하고 있는데, 첫째, 다양한 목적으로 존재하는 사회조직은 사회적 자본의 형성에 복합적인 효과를 미치고 있다는 것과 둘째, 공적·사회적 자본의 형성에 사회조직이 미치는 영향은 관련 조직의 비배타성(inclusiveness) 또는 다양한 구성원을 포함시키려는 의지에 있다는 것이다.

제 4 장 우리나라 청소년단체 활동과 기대 효과

제 1 절 청소년단체의 성장

우리나라에서는 각종 청소년단체의 활동을 통해 청소년들이 다양한 경험을 할 수 있게 함으로써 장차 미래 사회에서 주도적 역할을 수행하게 될 때 좀 더 선진화된 민주주의의 실현, 국가 발전 등에 기여할 수 있는 역군으로 육성하고자 노력하고 있다.

즉, 청소년들 간의 상호작용을 통해 개인적 차원에서의 자질 향상과 자아 실현을 이룩하는 동시에 미래의 건전한 사회 일원으로 성장하는 데 요구되는 행동 양식과 규범, 능력을 키울 수 있는 기회를 청소년단체 활동을 통해 얻고 있다.[1]

이에 따라 현재 한국 사회에서 활동하고 있는 청소년단체에 대한 역사, 주요 활동, 일반적인 현황을 고찰해 보고자 한다.

우리나라는 지난 1960년대부터 청소년기의 과정을 경유할 때 어떠한

1) 여기에서 청소년단체는 청소년이 청소년 간의 상호작용을 통해 개인적인 성장을 이룩하는 동시에 미래의 건전한 사회 일원으로 성장하는 데 필요한 태도와 능력을 키울 수 있는 사회단체를 총칭한다.

경험을 했느냐에 대한 중요성을 인식하여 현장성 있는 접근이 가능한 청소년단체 활동을 활발하게 전개해 왔다.

그 전개 과정을 살펴보면 다음과 같다.

1965년도에 한국청소년단체협의회가 설립되어 청소년단체 활동의 구심적 역할을 수행하면서 본격적인 범사회적 청소년단체 활동을 구축하게 되었다.

이후 1985년 '세계청소년의 해'를 기점으로 1987년도에 「청소년육성법」 제정, 1990년도에 '청소년헌장'의 선포, 1991년도에는 '한국청소년기본계획'과 「청소년기본법」 제정, 1992년도 '청소년의 해' 운영, 그리고 1993년 '청소년육성 5개년계획' 등 청소년 분야에서 중요한 역할을 수행해 왔다.

2004년에 청소년기본법과 청소년활동진흥법, 청소년복지지원법의 제·개정이 이루어지고, 다음해에 문화관광부 청소년 육성 업무와 국무총리실 청소년 보호 업무로 이원화되어 운영되던 것을 국가청소년위원회를 창설하여 일원화했다.

또한 2005년도에는 한국청소년단체협의회를 특수법인화하여 여러 청소년단체가 활발한 운동을 전개하는 가운데 회원 단체를 확대하여 서로 연계시키면서 청소년 육성을 위한 공동 노력을 새롭게 모색하여 진행하고 있다(국가청소년위원회, 2008: 413).

청소년단체는 각기 고유의 설립 목적에 따라 여러 유형이 있으며, 국가 및 지방자치단체는 청소년단체의 조직과 활동에 대한 필요한 행정적인 지원, 운영·활동 등에 필요한 경비의 일부를 보조할 수 있도록 하고 있다. 또한 개인·법인·단체는 청소년단체의 시설 및 운영을 지원하기 위해 금전 등 그 밖의 재산을 출연할 수 있도록 하고 있다.

2007년 현재 전국적으로 약 355개의 청소년단체가 국내에서 활동 중이며(국가청소년위원회, 2007), 청소년단체 간의 정보 교환 및 상호 협력을

표 4-1 법인 종류별

(단위: 개)

계	특수법인	사단법인	재단법인	기타 (사회복지 · 의료법인)
355	5	290	59	1

자료: 국가청소년위원회(2007: 46).

표 4-2 허가 기관별

(단위: 개)

계	국가청소년위원회 소관(324)		타부 · 처 허가
	국가청소년위원회 허가	시 · 도 허가 (16개 시 · 도)	
355	84	240	31

자료: 국가청소년위원회(2007: 46).

표 4-3 지도 · 감독기관별

(단위: 개)

계	국가청소년위원회 직접 지도감독	시 · 도 위임 지도감독	타부 · 처
355	10	314	31

자료: 국가청소년위원회(2007: 46).

주: 여기에서 국가청소년위원회의 지도 감독을 받는 단체는 특수법인[2]으로 한국청소년단체협의회, 한국청소년상담원, 한국청소년수련원, 한국청소년진흥센터, 한국청소년수련시설협회가 있고, 사단법인[3]으로 한국스카우트연맹, 한국걸스카우트연맹, 한국유스호스텔연맹, 한국청소년연맹이 있고, 재단법인[4]으로 농어촌청소년육성재단이 있다.

---

2) 그 설립 목적은 다음과 같다. i) 한국청소년단체협의회: 청소년단체의 청소년 육성을 위한 국·내외 청소년단 상호간의 협력·교류 지원 등의 업무 추진, ii) 한국청소년상담원: 청소년의 올바른 인격 형성과 조화로운 성장을 위한 청소년 상담 관련 정책의 연구개발 등의 업무 추진, iii) 한국청소년수련원: 청소년 수련 활동의 활성화를 위한 국가가 설치하는 수련시설의 유지·관리·운영 등의 업무 추진, iv) 한국청소년진흥센터: 청소년 육성을 위한 종합적인 안내 및 서비스 제공 지원 업무 추진, v) 한국청소년수련시설협회: 청소년수련시설의 운영 및 발전 도모.

3) 그 설립 목적은 다음과 같다. i) 한국스카우트연맹: 민주시민 자질 향상 도모와 국가 사회 발전에 기여, ii) 한국걸스카우트연맹: 잠재력 개발과 민주시민 자질 함양 및 봉사 실천, iii) 한국유스호스텔연맹: 청소년의 야외 여행 활동을 통한 청소년 건전 육성, iv) 한국청소년연맹: 청소년 전인교육을 통한 민족·국가관 확립.

4) 그 설립 목적은 다음과 같다. 농어촌청소년육성재단: 농어촌 청소년을 대상으로 국

도모하고 청소년 관련 행정부처와 유관 사회단체, 각급 학교, 그리고 세계 청소년 기구와 연계적인 협력 체제를 구축하는 기능을 수행하는 한국청소년단체협의회가 중심적 역할을 담당하고 있다(<표 4-1>, <표 4-2>, <표 4-3> 참조).

2008년도에는 보건복지가족부에서 청소년 업무를 담당하다가 2012년 현재는 여성가족부가 소관 부처로 되어 있다.

한국청소년단체협의회의 주요 연혁을 살펴보면 <표 4-4>와 같이 정리할 수 있다.

표 4-4 한국청소년단체협의회의 역사

연도	주요 내용
1965년 12월	한국청소년단체협의회 창립총회(15개 회원 단체 가입)
1966년 8월	세계청소년단체협의회(WAY) 가입
1967년 6월	사회단체 등록(당시 문교부)
1972년 8월	아시아청소년단체협의회(AYC) 가입
1987년 11월	「청소년육성법」 제정(제18조 설립 근거 규정 명시)
1988년 12월	사단법인 설립총회 개최(29개 회원 단체 가입)
1988년 11월	사단법인 승격(당시 체육부)
1990년 5월	'청소년헌장' 제정 선포식 개최
1991년 12월	「청소년기본법」 제정(제25조 설립 근거 규정 명시)
1992년 1월	'청소년의 해' 지정, 운영
1995년 5월	제7차 AYC총회 서울 개최
1999년 2월	23개 신입 회원 단체 가입(60개 회원 단체)
2000년 7월	한국청소년단체협의회 국제청소년센터 개원
2000년 12월	2개 신입 회원 단체 가입(62개 회원 단체)
2001년 2월	워킹홀리데이지원센터 운영
2002년 2월	"청소년을 칭찬합니다"의 해 선포
2003년 2월	"청소년이 희망입니다"의 해 선포

내외 장학사업과 국내외 연수사업 실시.

2004년 2월	"청소년이 주인공입니다"의 해 선포
2005년 2월	"청소년, 세상의 중심에 서다"의 해 선포
2005년 9월	특수법인 설립 허가(국가청소년위원회 법인 1호)
2006년 2월	"청소년, 대한민국의 힘입니다"의 해 선포
2006년 12월	6개 신입 회원 단체 가입(80개 회원 단체)
2007년 2월	"청소년! 대한민국을 가슴에 품다"의 해 선포
2007년 4월	청소년교류센터 설치 운영(청소년활동진흥법 제58조 근거)
2008년 2월	"청소년! 대한민국의 미래를 열다"의 해 선포
2008년 12월	68개 회원 단체 가입 활동 중
2009년 2월	"청소년은 미래의 에너지입니다"의 해 선포
2010년 8월	제21회 국제청소년광장 개최

자료: 한국청소년단체협의회, 홈페이지(http://www.ncyok.or.kr/main/main_ori.asp)

청소년단체의 활동은 크게 청소년 수련 활동, 지도자 연수 활동, 연구 활동, 상담 활동, 지역사회 개발 활동, 자원봉사 활동, 사회교육 및 체육 활동, 국제교류 활동, 홍보 및 출판 활동, 문예·취미 등 여가 활동, 장학 및 포상 활동, 유해환경 민간 감시 활동, 조직 강화 활동을 비롯해 부모, 지역사회 인사, 청소년 지도자를 대상으로 교육인력 확보를 위한 프로그램 등의 사업을 실시하고 있다.

청소년단체는 각 단체의 특성에 따라 활동 프로그램을 계획, 시행, 평가하는 과정에서 차이가 발생하고 있으며, 이러한 청소년 활동은 주로 한국청소년단체협의회 회원 단체 위주로 활발하게 이루어진다.

한국청소년단체협의회는 청소년 문제에 대한 공동 연구와 정보 교환 및 상호 협력을 도모하고 청소년 관련 행정부처와 유관 사회단체, 각급 학교, 그리고 세계의 청소년 기구와 연계적인 협력 체계를 구축하기 위해 1965년 12월 8일 국내 15개 민간 청소년단체들의 자발적인 협의체로 창설되었다.

1966년 8월 10일 세계청소년단체협의회(World Assembly of Youth:

WAY) 가입에 이어, 1972년 8월 15일 아시아청소년단체협의회(Asian Youth Council: AYC)의 창설 멤버로 가입하여 우리 청소년들이 세계 속으로 발돋움하는 데 일익을 담당하며, 범국가적 연대를 통해 청소년 운동을 확산, 발전시키기 위한 노력으로 2008년 8월 아시아청소년단체협의회 총회의 한국 개최 성과를 이루었다.

이러한 노력은 우리나라에서 청소년육성법과 청소년헌장의 제정 등 청소년정책을 추진하는 데 기여했으며, 「청소년육성법」에 따라 1988년 11월 11일 사단법인으로서의 조직과 기능을 새롭게 정립했고, 현재는 특수법인으로 전환하여 「청소년기본법」 제40조에 근거하여 우리나라 청소년단체들의 협의체 역할 및 기능 수행을 위한 활동을 해나가고 있다.

한국청소년단체협의회는 "국가 발전에 이바지할 수 있는 바람직한 청소년 육성과 국내·외 청소년단체 상호간의 협력 및 교류와 지원"을 목적으로 한다.

이에 따라 청소년단체 활동의 활성화를 위한 단체 간 업무의 협력 및 조정, 정책 수립을 위한 청소년단체의 의견 수렴과 정책 제안, 국가 청소년 정책의 효과적인 시행을 위한 집행 기능, 청소년 활동을 위한 전문 지도자 양성 및 연수, 청소년 활동에 대한 정보 지원, 청소년 국제 교류의 활성화를 위한 국제청소년 기구 및 외국 청소년단체와의 교류 지원, 청소년운동의 올바른 방향 제시를 위한 연구·조사, 청소년단체 활동의 활성화와 단체지도자 및 청소년들의 사기 진작을 위한 상훈 지원 등의 역할을 수행한다.

또한 한국청소년단체협의회는 현재 6개의 지방청소년단체협의회를 회원 단체로 두고 있으며, 지방청소년단체협의회의 경우 특정 지역을 활동 범위로 하는 청소년단체가 그 지역을 관할하는 시·도의 조례가 정하는 바에 따라 시·도지사의 인가를 받아 설립할 수 있으며, 이 경우 지방자치단체는 예산의 범위 내에서 경비의 전부 또는 일부를 지원할 수 있다.

2007년 현재 한국청소년단체협의회는 210만여 명의 청소년 회원과 18만여 명의 청소년 지도자 등 300만여 명이 각 회원 단체에서 활동하고 있다. 한국청소년단체협의회의 회원 단체는 청소년기본법에 준하여 '청소년 육성 주된 목적으로 설립된 법인' 또는 '청소년 활동, 청소년 복지 또는 청소년 보호를 주요 사업으로 하는 단체'가 가입 신청을 하면 이사회의 승인을 얻어 가입하게 된다.

한국청소년단체협의회와 회원 단체는 2007년을 "청소년, 가슴에 품다"의 해로 정하고 청소년과 청소년 지도자에게 힘과 용기를 줄 수 있는 사회분위기를 조성하여 청소년들을 위한 우리나라의 발전 원동력으로 부각시키고, 청소년이 행복한 대한민국을 만들어 나가기 위한 활동들을 전개하기 위해 노력했다.

이러한 다양한 활동을 통해 청소년 활동에 대한 긍정적인 사회적 인식과 공감대를 확산해 나갔으며, 미래 지향적인 청소년 활동을 전개하면서 청소년 정책에 대한 정부의 관심을 촉구하여 청소년 분야의 변화와 혁신을 주도했다(국가청소년위원회, 2008: 419).

한국청소년진흥센터는 2004년 2월에 공포된 청소년 관련 3법(청소년기본법, 청소년활동진흥법, 청소년복지지원법)을 기반으로 청소년수련활동인증제 시행, 청소년 활동 및 복지, 보호에 관한 종합적인 정보 안내 및 서비스 제공, 청소년복지 지원을 위한 사업 및 서비스 영역 개발과 보급 등의 업무를 담당하기 위해 2005년 3월 11일에 설립되었다. 2007년부터는 전국의 청소년 방과 후 아카데미의 현장을 운영을 지원하기 위한 운영지원단 사업도 수행하고 있다.

청소년기본법에서 명시하고 있는 한국청소년진흥센터의 주요 기능으로는 청소년 활동, 복지, 보호에 관한 종합적인 안내 및 서비스, 청소년 정보의 종합적인 관리 및 제공, 청소년활동지원본부의 설치・운영, 청소년수련활동인증제 시행, 청소년수련활동인증위원회의 설치 및 운영, 청소년 관련 기관과의 연계, 협력 지원, 청소년 육성사업에 대한 대국민 홍보, 청소년 육성기금의 수탁 관리, 운영과 기금사업 추진, 청소년 국제교류 활동 및 남·북 청소년 교류 활동 지원, 청소년 자원봉사 활동의 활성화 등의 업무이다.

특히 청소년활동인증제 운영을 위해 청소년활동인증위원회 및 자문단을 운영하고 있으며, 청소년활동인증제 인증 기준에 대한 보완 및 연구, 청소년수련활동인증 심사원 모집 및 교육, 청소년수련활동인증제 대국민 홍보 등의 업무를 수행하고 있다.

청소년 활동을 대상으로 하는 모든 프로그램에 대한 사전 인증을 통해 청소년 프로그램에 대한 신뢰성 구축과 프로그램 제공자들에 대한 질적 수준을 향상시키는 계기가 될 수 있다.

청소년기본법에 따라 범정부적 차원의 청소년 육성정책 과제의 설정, 추진 및 점검을 위해 매년 개최되는 청소년특별회의를 주관하는 업무도 주요 기능 중의 하나이다.

이 밖에 한국청소년자원봉사센터를 시·도청소년활동진흥센터로 명칭을 변경하여 기존 전국의 청소년 자원봉사 활동 지원은 물론 청소년 활동 정보통신원을 전국적으로 선발하여 지역 청소년 활동에 대한 정보를 파악하여 제공하고 지역단체·시설 간의 정보 공유를 통한 네트워크 구축을 통해 청소년 활동 활성화 지원 업무를 수행하고 있다(국가청소년위원회, 2008: 276).

글로벌 시대에 세계 각국은 자국의 미래를 이끌어 갈 국제적 인재 양성을 위해 청소년 국제교류를 매우 적극적으로 추진하고 있다. 청소년들이 다양한 외국 문화를 체험하고 청소년 간 교류를 통해 글로벌 리더로서의 자질과 역량, 세계 시민의식을 갖춘 건강한 청소년으로 성장할 수 있도록 지원하는 것은 국가의 중요한 책무라 할 수 있다.

국가 간에 이루어지는 청소년 교류는 양국 청소년 담당부처 간 약정 등에 의해 매년 정기적으로 실시되는 사업으로 대상국의 청소년기관 및 시설 방문, 양국 청소년 및 청소년 지도자 간 토론, 민박, 역사·문화 유적지 답사, 산업시설 견학 등을 통해 청소년 관련 정보와 경험 등을 교환하고 각국의 문화를 체험할 수 있는 기회를 제공한다.

표 4-5 청소년 국제교류

구분	교류 프로그램
보건복지가족부	· 국가 간 청소년 교류(26개국 상호 초청 · 파견) · 한 · 중 청소년 특별 교류(500명 초청, 100명 파견) · 청소년 해외체험 프로그램(조사 · 연수, 자원봉사, 해외 테마 체험, 국제회의 · 행사 등) · 아시아청소년 초청 연수(아시아 23개국 250여 명 참가) · 국제청소년광장(ASEAM 회원국 청소년 참가) · 주한 외국인 청소년과 교류(글로벌 프랜드십 캠프, 코리아홀릭) · 청소년단체 및 지방자치단체 국제교류 · 행사 지원
외교통상부	· 한 · 아세안 청소년 교류(한 · 아세안기금 사업)
지방자치단체	· 자매도시 간 국제 청소년 교류 · 자치단체별 특성화 및 테마형 청소년 교류
청소년단체	· 단체간 국제 청소년 교류 · 단체별 특성화 및 테마형 청소년 교류

자료: 국가청소년위원회(2008: 133).

국가 간 청소년 교류 파견에 참가하는 청소년은 매년 초 공개 모집하고 있으며, 인성, 참가 동기, 어학 능력, 사회봉사 활동 경력, 해외여행 등을 고려하여 국가별로 선발한다. 2008년도에는 26개국에 약 700여 명의 청소년이 상호 초청 형식으로 파견되었다(국가청소년위원회, 2008: 132).

한편 국가청소년위원회에서는 2007년부터 한국청소년단체협의회 내에 청소년교류센터를 설립하여 국가 간 청소년 교류의 초청과 파견에 따른 집행 기능과 참가자 사후관리, 국제교류 정보관리 등의 업무를 위탁 운영하고 있다. 청소년교류센터는 기존의 취업관광 프로그램 지원센터를 개편한 조직으로 취업관광 프로그램에 대한 안내와 홍보 업무도 겸해 수행한다.

제 2 절 청소년단체의 현황 및 유형별 특성

1 청소년단체의 현황

여기에서는 앞에서 중심적 역할을 수행하고 있다고 파악했던 한국청소년단체협의회의 회원 단체로 가입되어 있는 우리나라의 청소년단체의 수는 68개에 달한다.[5] 이들 모두를 살펴본다는 것은 현실적으로 한

5) 한국청소년단체협의회에 가입된 우리나라의 청소년 관련 단체는 2010년 현재 국민독서문화진흥회, 국제청소년문화협회, 국제청소년연합, 그린훼밀리 · 그린스카우트연합, 기독교청소년협회, 남북청소년교류연맹, 대한불교청년회, 대한불교청소년연합회, 대한YWCA연합회, 대한적십사사청소년적십자(RCY), 대한청소년성경구락부, 대한청소년충효단연맹, 바로자나청소년협회, 삼동청소년회, 서울카톨릭청소년회, 성산청소년육성재단, 세계도덕재무장(MRA/IC)한국본부, 아르미청소년문화재단, 아이섹코리아, 어린이재단, 엑스포과학소년단, 오운문화재단, 울산청소년선도지도회, 원불교청년회, 유네스코한국위원회, 인구보건복지협회, 인천카톨릭청소년회, 청소년과사람사랑, 청소년을위한내일여성센터, 청소년지도연구원, 청소년폭력예방재단, 파라미타청소년협회, 한국걸스카우트연맹, 한국기독학생회총연맹, 한국라보, 한국로타리청소년연합, 한국불교청년회, 한국B.B.S중앙연맹, 한국4-H본부, 한국스카우트연맹, 한국시민자원봉사회, 한국YMCA전국연맹, 한국우주소년단, 한국유스호스텔연맹, 한국청소년발명영재단, 한국청소년보호육성회, 한국청소년복지진흥회, 한국청소년수련활동협회, 한국청소년순결운동본부, 한국청소년연맹, 한국청소년연합, 한국청소년인권센터, 한국청소년재단, 한국항공소년단, 한국해양소년단연맹, 한국화랑청소년육성회, 한국환경청소년단, 한국환경청소년연맹, 한그루녹색회, 한사랑청소년광장, 홍사단, 21세기공동체개발원, 한국청소년골프협회, 한국청소년마을, 한국청소년문화교류연맹, 한국청소년스킨스쿠버협회, 한국향토사랑청소년봉사단 등의 72개의 청소년 NGO들이다(한국청소년단체협의회, 2010).

계가 있기 때문에 여기에서의 연구 범위인 서울시 소재 청소년단체들에 한정했고, 이와 아울러 단체의 역량 측면에서 이 가운데 순수하게 청소년 가입자의 수가 20,000명 이상으로 구성된 단체들에 중심을 맞추어 살펴보고자 한다. 또한, 내용적 측면에서는 이들 단체가 추진하는 다양한 사업 가운데 이 연구의 취지에 실질적으로 부합되는 주요 사업들만을 도출하여 분석해 보고자 한다.

1) 한국스카우트연맹

한국스카우트연맹은 스카우트 방법에 의한 교육을 통해 민주시민의 자질을 향상하고, 투철한 국가관과 민족의 주체성을 확립하며 국제 이해를 통한 세계 평화와 인류 복지에 기여할 것을 목표로 하고 있다.

이 단체는 1명의 총재와 2명의 부총재, 각 1명씩의 치프커미셔너와 국제커미셔너를 두고 있고, 13명의 직선이사와 21명의 지방이사, 2명의 감사로 운영되고 있다. 또한, 세계스카우트연맹(WOSM), 전국재해대책협의회, 한국도서관협회, 한국사회복지협의회, 한국청소년단체협의회 등에 가입되어 있으며, 전국 각지에 지방조직이 운영 중에 있다. 그리고 총 310,972명의 초등학생 · 중학생 · 고등학생 · 대학생 · 기타 청소년 등이 회원으로 가입하여 활동하고 있으며, 28,916명의 지도자가 활동하고 있다.

주요 활동은 첫째, 훈육사업으로서 한국잼버리, 전국리더스게더링, 청소년위원회, 스쿨존 안전지킴이 거북이 캠페인, 평화통일 체험활동(휴전선 155마일 횡단), 청소년 호국 수련 활동, 범스카우트 리더십 워크숍, 만원의 행복 전개, 청소년 수련 활동 인증 프로그램 지원 등의 세부 사업을 추진하고 있다.

둘째, 사회 공헌 활동으로서 Youth Hero Prize 시상(체육, 예술, 특별 3개 부문 수상), 장학사업(스카우트, 일반 대학생), 지역사회 공헌 활동

(나눔의 날, 자선냄비 모금, 어르신 초청 잔치, 환경 활동 등), 성금모금, 안전한 사회 만들기(범국민 안전문화 캠페인, 어린이 안전체험 캠프, 안전체험 가족피크닉), 아구노리(전국장애스카우트 야영대회) 등을 실시하고 있다.

표 4-6 한국스카우트연맹 주요 연혁

연도	주요 내용
1922. 10. 5	– 조선보이스카우트 창립
1924. 3. 1	– 월남 이상재 선생 초대 총재 취임
1937. 9. 3	– 일제에 의해 강제 해산
1946. 3. 1	– 대한보이스카우트 재발족
1947. 12. 1	– 민법에 의거 사단법인으로 등록
1952. 8. 8	– 제1회 한국잼버리 개최(부산 동래 일광)
1953. 1. 31	– 보이스카우트 세계연맹 가입
1968. 4. 13	– 사단법인 '한국보이스카우트연맹'으로 개칭
1969. 7. 28	– 스카우트 활성 육성에 관한 법률 제정, 공포(법률 2118호)
1977. 8. 18	– 명예총재 박정희 대통령 세계 명예총재 추대
1983. 10. 19	– 국회스카우트 의원동우회 발족
1983. 11. 19	– 재단법인 한국보이스카우트 지원재단 창립
1991. 8.8~16	– 제17회 세계잼버리 개최(강원도 고성, 133개국 19,081명)
1996.8.7~13	– 제17회 아시아 태평양잼버리 개최
2001. 1. 1	– 한국스카우트연맹으로 개명
2001. 11. 10	– 한국디지털대학 스카우트학과 설치
2008. 3. 6	– 제14대 강영중 총재 취임
2008.7.14~18	– 제38차 세계총회 개최(ICC 제주)
2008.7. 7~11	– 제10차 세계 유스포럼 개최
2008.7.10~13	– 세계대학생 문화대축제 개최
2008.8. 6~11	– 제12회 한국잼버리 겸 국제청소년야영대회 개최
2010.8.4~9	– 제27회 아시아태평양잼버리 겸 제3회 국제패트롤잼버리 개최
2012. 2. 27	– 제15대 함종한 총재 취임
2012.8.2~8	– 제13회 한국잼버리

자료: http://www.scout.or.kr

제17회 세계잼버리(1991), 강원도 고성 세계잼버리수련장

셋째, 국제 협력으로서 국제 파견 행사, 국제 초청 행사, 국제패트롤 잼버리, 홈페이지 제작 및 각종 홍보자료 제작, 한·일 유스포럼, 한·일 친선교류 프로그램, 국제라운드테이블, 국제 활동 매뉴얼 개정 등의 활동을 수행하고 있다.

넷째, 수련 운영 차원에서 시설 이용률 확대 및 수지 개선, 시설물 설치 및 관리, 곤지암 야영장 시설 개선, 시설관리, 시설관리에 필요한 직원 연수, 시회교육 프로그램 운영(에듀매직, 마술캠프, 주말농장 등), 시설 이용자 대상 편의시설 운영 등을 실시하고 있다.

2) 한국청소년연맹

한국청소년연맹은 대한민국 청소년들에게 심신의 수련을 통해 올바른 국가관과 윤리관을 심어 주고, 우리의 전통문화를 계승 및 발전시키며 세계로 뻗어가는 진취적 기상을 함양케 함으로써 민족의 통일 번영과 국제사회에 이바지할 수 있는 건전한 미래 세대를 육성하자는 데 그 목적을 두고 있다.

이 단체는 1명의 총재와 14명의 이사진으로 구성되어 있으며, 2명의 감사를 두고 있다. 또한, 이 단체는 한국청소년단체협의회, 한국자원봉사단체협의회, 한국아동단체협의회 등의 기구들에 가입되어 있으며, 전국 각지에 지부연맹을 두어 운영 중에 있다. 그리고 한국청소년연맹에는 283,730명의 초등학생 · 중학생 · 고등학생 · 대학생들이 회원으로 가입하여 활동하고 있다.

주요 활동으로는 첫째, '문화감성 활동'으로서 문화유적지 순례, 전국 청소년 문화큰잔치, 단원 전진대회 및 축제, 전국 청소년 종합예술제, 문화유적 답사 및 조사 활동, 향토문화찾기 활동, 청소년어울마당, 청소년 지역교류 활동 등을 개최하고 있다.

둘째, '과학정보 활동'으로 컴퓨터 경진대회, 프로그램 정보센터, 정보화 교육 프로그램, 사이버 상담실 운영, 홈페이지 경연대회, 컴퓨터 프로그램 공모전, 테크노타운 견학 등을 추진하고 있다.

셋째, '사회봉사 활동'으로서 비문되쓰기 봉사 활동, 미아 찾아주기, 환경보호 활동, 식목 행사, 농촌일손돕기, 깨끗한 거리 만들기, 청소년 자원봉사 활동, 부모와 함께하는 봉사 활동 등을 실시하고 있다.

넷째, '국제교류 활동'으로서 글로벌 영 리더십 캠프, 동남아 청소년 및 지도자 교류 행사, 청소년 일본 및 중국 연수, 국제친선 문화 활동, 주한 외국인 초청 캠프, 외국 청소년시설 견학 등을 추진하고 있다.

표 4-7 한국청소년연맹 주요 연혁

연도	주요 내용
1981. 3. 19	- 한국청소년연맹 설립
1981. 4. 13	- 한국청소년연맹 육성에 관한 법률 제정 공포
1982. 9. 14	- 학생청소년단 발단
1982. 11. 1	- 청소년상담실 개설(본부)
1990. 12. 8	- 재단법인 한국청소년연맹 육성재단 설립
1999. 1. 1	- 근로청소년복지관 가산동센터 운영
2008. 7. 3	- 황우여 제10대 총재 취임
2009. 11. 2	- 서울 제2유스호스텔 위탁자 선정

자료: http://www.koya.or.kr

아람단 선서식

다섯째, '전통문화 활동'으로 민속놀이경연대회, 전통문화교실, 예법교실, 우리 문화 배우기, 탈춤교실, 풍물놀이교실, 도예교실, 판소리 명창대회, 고적 및 유적지 답사 등의 프로그램을 진행하고 있다.

3) 대한적십자사 청소년적십자(RCY)

대한적십자사 청소년적십자는 제네바협약의 정신과 국제적십자운동 기본 원칙에 입각한 인도주의 사업을 원활히 수행함으로써 세계 평화와 인류 복지에 공헌함을 목적으로 한다. 또한, 대한적십자사 청소년적십자는 보건, 봉사, 친선, 적십자 이념 보급 등의 4대 활동 목표를 기반으로 내일의 주인공이 될 청소년들이 적십자 정신인 인도주의와 봉사정신을 배우고 실천하여 건전한 민주시민으로 성장하도록 돕는 것을 목적으로 하고 있다.

이 단체는 대한적십자 총재 휘하에 대한적십자사 시·도지사 회장, RCY 중앙본부, RCY 시 · 도 위원회, RCY 14개 시 · 도 본부 등을 두고, 이들의 하부기구로서 각 적십자 전국협의회 및 시 · 도협의회, 학생지도사회 등을 두고 있다. 또한 대한적십자사 청소년적십자는 국제적십자연맹(국외)과 한국청소년단체협의회(국내) 등의 기구에 가입하고 있으며, 192,209명의 초등학생 · 중학생 · 고등학생 · 대학생 및 기타 청소년들이 이 단체의 회원으로 가입해 활동 중에 있다.

주요 활동으로는 첫째, '건강과 생명의 보호'를 위해 응급조치법 · 심폐소생법 · 수상안전법 · 산악안전법 교육, 약물 중독 · 에이즈 예방 교육, 또래 성교육, 가정보건 지식 교육, 헌혈 캠페인 교육, 환경보호 캠페인 교육 등을 실시하고 있다.

둘째, '지역사회봉사'를 위해 봉사 포스트 활동, 재해구호, 농 · 어촌 봉사 활동, 사랑의 쌀 한줌 모으기 운동 등을 수행하며 '타인에 대한 이

표 4-8 대한적십자사청소년적십자 주요 연혁

연도	주요 내용
1905. 10. 27	– 대한적십자사 발족(고종황제 칙령 제47호)
1949. 4. 30	– 대한적십자사 조직법 공포(법률 제25호)
1955. 9. 28	– 국제적십자사연맹 가입
1965. 12. 8	– 청소년적십자 한국청소년단체협의회 가입
1973. 2	– JRC 명칭 RCY로 변경
1981. 5. 11	– 세계장애자의 해 기념 장애자캠프 개최
1989. 8. 2	– RCY 지도교사중앙협의회 창립총회 개최
1990. 1. 1	– 적십자사 사업 재평가 작업 결과로서 전단원 단비 제도 시행
1997. 5. 28	– 청소년적십자가 우수청소년단체로 대통령 표창 수상
2002. 3. 15~18	– 우정의 선물상자 최초로 북한 전달
2003. 12. 19	– 『청소년적십자 50년사』 발간
2004. 4	– 이란적십자사와 Bam시 지진 피해 지원사업계약 체결
2004. 7.13~28	– 대학RCY 회원 스리랑카 쓰나미 피해지역 해외봉사 활동
2005. 8. 1~9	– 북한 평양적십자병원 방문 및 의료장비 기증
2005. 9. 7	– 이란 Bam시 지진 피해자 지원 주택 준공식
2005. 11. 5	– 북한 조선적십자회 대표단, 본사 및 적십자병원 방문
2010. 8.10~13	– RCY 창립 기념 전국캠프
2006. 11. 11	– 손기정평화마라톤 대회 공동 주최(임진각)
2008. 5	– 미얀마 사이클론 및 중국 대지진 긴급구호

자료: http://rcy.redcross.or.kr

해와 국제친선'을 위해 수련회와 캠프, 예술제, 스승의 날 기념 활동, 국제 캠프 및 활동 참가, 해외 봉사 등의 활동을 하고 있다.

셋째, '적십자 이념 보급'을 위해 모든 연수 및 수련 활동 시 적십자 인도주의를 보급하고, 인도법 보급요원 양성 교육을 실시하며 '솔페리노의 회상' 독후감 공모를 통해 인도주의를 널리 보급하고 있다.

4) 한국걸스카우트연맹

한국걸스카우트연맹은 대한민국 소녀와 젊은 여성들에게 걸스카우트 방법에 의한 교육과 훈련을 제공하여 스스로 잠재력을 개발하고, 책임 있는 민주시민으로서의 자질을 함양하여 지역사회와 국가, 나아가 세계를 위해 봉사하는 사람으로 성장하도록 도우며 걸스카우트 세계연맹을 통한 국제교류 활동을 전개함으로써 국제 이해와 우의를 증진하는 데 목적을 둔다.

이 단체는 1명의 총재와 4명의 부총재, 10명의 이사진으로 구성되어 있고, 2명의 감사와 1명의 사무총장을 두고 있으며, WAGGG(World Association of Girl Guides and Girl Scouts), UN 경제사회이사회, 한국청소년단체협의회 등에 가입되어 있고, 전국 각지에 지부를 두고 있다. 그리고 한국걸스카우트연맹에는 137,839명의 초등학생·중학생·고등학생·대학생·기타 청소년 등이 가입하여 활동하고 있다.

주요 활동으로는 '국제·교육(대원활동) 사업'으로서 국제교류 및 국제이해 프로그램 실시, 해외 파견, 한·일 청소년 문화 교류, 글로벌 리더십 캠프(Global Leadership Camp) 개최, 대원 리더십 함양 프로그램 실시, 제22회 아구노리(전국장애인청소년 야영대회) 개최, 소녀에서 여성으로 축제 개최, 이슈 관련 활동 전개, 환경보전 패치 등 각종 패치 취득 활동, 북한 이해 프로그램 및 북한 어린이 돕기 활동, 소녀의 날 제정을 위한 각종 활동, 기능장 및 도전장 취득 활동, 봉사 활동 및 지역 사회개발 활동 등이 여기에 속한다.

표 4-9 한국걸스카우트연맹 주요 연혁

연도	주요 내용
1946. 5	- 대한소년단 설립
1951. 8	- 사단법인 대한소녀단 인가(등록번호 494호)
1963. 5	- 걸스카우트 세계연맹 정회원국으로 가입 승인
1970. 5	- 한국걸스카우트연맹으로 개칭
1986. 12	- 재단법인 한국걸스카우트 지원재단 설립
1989. 12	- 특수연맹-서울가톨릭연맹 창립
1996. 5	- 창립 50주년 기념식 및 청소년지도자 심포지엄 개최
2000. 2	- 서울가톨릭연맹이 전국 단위의 가톨릭연맹으로 승격 - 경기연맹이 경기북부연맹과 경기남부연맹으로 분할
2003. 8	- 국제청소년캠프
2004. 1	- 걸스카우트 세계연맹 아태지역위원회 개최
2005. 10	- 2005 전국지도자협의회
2008. 4	- 소녀의 날 제정 선포식 및 기념행사 실시
2009. 8	- 제12회 걸스카우트 국제야영대회 개최

자료: http://www.girlscout.or.kr.

걸스카우트 선서식

5) 한사랑청소년광장

한사랑청소년광장은 청소년과 그 부모에 대한 전문적인 심리상담과 전문상담자 및 교원을 위한 상담 및 인간 관계 훈련을 위해 설립되었다. 청소년상담은 전화상담, 개인면접상담, 집단상담, 가족상담 그리고 부모교육을 포함하며, 인간 관계 훈련은 가족 관계, 교유 관계, 사회 관계의 개선과 적응을 위한 다양한 프로그램으로 구성되어 있다.

이 단체는 1명의 이사장과 5명의 이사진, 1명의 원장으로 구성되었으며, 충북 제천시와 경북 영주시에 지방수련원을 두어 운영하고 있다. 여기에는 약 126,000여 명의 초등학생 · 중학생 · 고등학생 · 대학생 · 근로 청소년 · 기타 청소년들이 회원으로 가입하여 활동하고 있다.

표 4-10 한사랑청소년광장 주요 연혁

연도	주요 내용
1985	- 합동청소년상담원 설립
1985	- 합동청소년상담지도자훈련원 개설
1990	- 한국청소년치유상담연구원으로 개칭
1991	- 한사랑 청소년전화상담 및 면접상담원 개설
1992	- 가정 회복과 청소년 선도를 위한 전국 순회 집회 실시
1993	- 청소년 상담전문가 및 상담 자원봉사자 훈련원 개설
1994	- 감수성훈련과 Encounter group 프로그램 개발
1996	- 청소년 내적 치유 세미나 및 집단상담 연속 실시
1997	- 미국 Esalen Institute와 청소년 Gestalt 상담 프로그램 공유 협정
1997	- 미국상담협회와 공동상담자 교육 및 학점 교류 협정
1996	- 문화광부장관 허가 사단법인 한사랑청소년광장 설립
1997	- 전국청소년 감수성 및 인간 관계 워크숍
1998	- Esalen Institute와 교수 교류 및 공동연구 협정
1989	- 교육부의 전국 단위 상담지도교사 연수 지정기관 승인
1999	- 전국 초 · 중등학교 교원 상담 및 인간 관계 기본과정 연수
2000	- 전국 초 · 중등학교 교원 상담 및 인간 관계 심화과정 연수
2002	- 한국치유상담연구원과 전문상담자 및 프로그램 지도자 공동 육성

자료: http://www.hansarang.or.kr

주요 활동으로는 계간지인 「상담과 인간관계」를 발간 · 보급하고 있고, 'Encounter Group' 프로그램을 통해 가족 관계 · 교우 관계 · 사회관계 등 청소년 문제의 핵심이 되고 있는 인간 관계를 성숙하게 발달시키는 데 기여하며, '청소년 지도사 연수' 및 '청소년 상담자 과정'을 통해 자질을 갖춘 청소년 지도사와 상담자를 육성하는 데 노력을 기울이고 있다.

6) 세계도덕재무장(MRA/IC) 한국본부

세계도덕재무장(MRA/IC) 한국본부는 물질만능주의, 도덕적 퇴폐 풍조, 도덕적 위기 등을 극복하고 새 시대 건설을 위한 근원적 해결책은 오로지 인간성을 바로 세워 양심과 인격적 주체성을 되찾는 일이며, 이는 도덕적 자각을 통해서만 가능하다고 판단하고, 건전한 민주사회가 이룩되려면 스스로 자기 행동에 책임을 지는 양심과 도덕에 의해 새로이 세워져야 한다는 시대적 사명에 의거하여 도덕재무장운동을 전개하고 있다. 따라서 이 단체는 MRA 4대 절대 도덕 표준인 '절대정직', '절대순결', '절대무사', '절대사랑'으로 무장된 새사람, 새가정, 새나라, 새세계 건설을 목적으로 한다.

세계도덕재무장 한국본부는 1명의 상임이사와 14명의 이사진으로 구성되었고, 1명의 본부장과 2명의 감사를 두고 있다. 또한, 이 단체는 MAR/IC 국제연맹(국외)과 한국청소년단체협의회(국내)에 가입되어 있으며, 전국에 지방본부를 운영하고 있다. 세계도덕재무장 한국본부에는 총 76,203명의 초등학생 · 중학생 · 고등학생 · 대학생들이 가입되어 있다.

주요 활동으로는 첫째, 훈련 연수사업으로서 중·고생 훈련대회(하계/동계), 대학생(청년) 수련회(동계/하계), 청소년 건전가요 합창 경연대회, 지도교사 기본 연수, 중 · 고등학생 대표자 수련회, MAR/IC 세미나 등을 개최하고 있다.

둘째, 출판 홍보사업으로서 MAR/IC 소식지 발간, MAR/IC 소개 팸플릿 및 포스터 제작, MAR/IC 책자 발간, MAR/IC 모자·조끼 제작, MAR/IC 메달 제작, 홈페이지 제작 및 유지 관리, 각종 행사 보고서 발간 등을 수행하고 있다.

셋째, 국제활동사업으로서 동북아청소년포럼, 호주 MAR/IC 대회, 일본 MAR/IC 대회, 아시아·태평양 청년훈련대회(APYC), MAR/IC 한·중 지도자 교류, MAR/IC 한·일 청소년 교류, MAR/IC 지도자 방한 등을 추진하고 있다.

넷째, 상훈사업으로서 도덕대상 표창, 학생 및 지도자 총재 표창, 보건복지가족부 장관 표창, 한국청소년단체협의회장 표창, 교육감 표창, MAR/IC 국회의원연대회장 표창 등을 실시하고 있다.

표 4-11 세계도덕재무장(MRA/IC) 한국본부 주요 연혁

연도	주요 내용
1938. 6	- MRA/IC 발족(영국 런던)
1965. 10	- MRA/IC 세계대회 서울 개최
1966. 5	- Sing-out Korea(MRA/IC 합창단) 창단 및 전국 순회 공연
1966. 10	- MRA/IC 아시아대회 서울 개최
1969. 3	- 문교부 전국 중·고등학교에 MRA/IC반 조직·운영 권장
1982. 6	- 사단법인 등록(문교부)
1988. 9	- MRA/IC 세계대회 서울 개최
2002. 7	- MRA/IC 국제연맹 결성(스위스)
2003. 7	- 한·일 대학생 포럼 개최
2004. 8	- 동북아(한·중·일) 청소년 포럼 개최
2005. 8	- 제2회 동북아 청소년 포럼 개최
2006. 8	- 제3회 동북아 청소년 포럼 개최
2007. 5	- 최우수단체 대통령 표창 수상
2007. 8	- 제4회 동북아 청소년 포럼 개최
2010. 8	- 제7회 동북아 청소년 포럼 개최

자료: http://www.mrakorea.or.kr

7) 한국 4-H 본부

한국 4-H 본부는 대한민국 청소년들로 하여금 '4-H 이념'[6]에 입각한 교육과 훈련을 통해 창의적인 사고와 과학적인 행동 양식을 갖춘 민주시민으로서 자질을 함양하고 농어업에 대한 소양 및 기술을 연마할 수 있도록 지원함으로써 국가사회 발전을 비롯하여 국제사회에 이바지할 수 있는 건전한 미래 세대의 육성을 목적으로 한다.

한국 4-H 본부는 1명의 회장과 3명의 부회장, 34명의 이사진 및 3명의 감사로 구성되어 있다. 또한, 전국 각지에 지회를 두어 운영하고 있으며 약 67,758여 명의 초등학생 · 중학생 · 고등학생 · 대학생 · 근로 청소년 · 기타 청소년들이 회원으로 가입하여 활동하고 있다.

주요 활동으로는 '교육훈련사업'으로서 4-H 회원 교육, 도 · 농 교류 활동, 4-H 지도교사 전문교육 및 지도자 교육, 청소년 녹색농촌 체험학교, 여름 체험캠프 등을 실시하고 있다. '국제교류사업'으로 4-H 국제교류 훈련, 핵심 4-H회원 해외연수, 지도교사 해외연수, 학생 4-H 회원 해외그린 배낭연수, 국제 4-H 전문가 포럼 등을 운영하고 있다. '홍보출판사업'으로서 한국 4-H 신문 발간, 학생 4-H 지도서 발간, 학교 4-H 회원 모집 포스터 제작, 4-H 사업활동 종합보고서 발간 등을 시행하고 있다. '장학 및 상훈사업'으로서 우수 4-H 회원 장학사업, 한국 4-H 대상 시상, 모범 4-H 회원 표창 등과 '한국마사회특별적립금 지원사업'으로서 우수 4-H 회원 장학사업, 농촌청소년 활력화 사업, 국내외 연수 지원사업 등을 추진하고 있다.

---

6) '4-H 이념'이란, 머리(Head), 마음(Heart), 손(Hands), 건강(Health)을 의미하는 영어 단어의 머리글자 네 개를 말한다. 우리나라에서는 이들 단어의 의미를 각각 '지(知)', '덕(德)', '노(勞)', '체(體)'로 번역해 사용하고 있다.

표 4-12 한국 4-H 본부 주요 연혁

연도	주요 내용
1954. 11	- 한국 4-H구락부중앙위원회 창립
1963. 4	- 4-H국제기술교환훈련 실시
1974. 2	- 한국4-H연맹으로 개칭
1987. 12	- 『한국4-H운동 40년사』 발간
1988. 10	- 한국4-H후원회로 개칭
1999. 7	- 도농 교류활동사업 실시
2000. 6	- 4-H활성화 방안 대토론회
2001. 2	- 한국4-H본부로 개칭
2004	- 한국4-H본부 창립 50주년 기념식 개최
2005	- 한국클로버동지회, 한국4-H연맹이 한국4-H본부로 통합
2008	- 한국 4-H본부 "4-H활동 주관 단체"로 지정(농촌진흥청)

자료: http://www.korea4-h.or.kr

8) 한국화랑청소년육성회

한국화랑청소년육성회는 민족 화합과 나라사랑 정신을 바탕으로 민주화 시대에 알맞은 건전한 청소년 문화를 형성하여 강건한 신체와 올바른 품성 및 투철한 국가관을 지닌 청소년을 육성하고, 어려운 환경의 청소년에 대한 선도·재활·지원 등 봉사 활동으로 국가 발전에 기여하고자 하는 데 그 목적을 두고 있다.

한국화랑청소년육성회는 1명의 회장과 1명의 상임이사, 5명의 이사진, 2명의 감사로 구성되어 있다. 또한, 이 단체는 서울·경북·경남·충북·충남에 지방조직을 두어 운영하고 있으며, 약 44,159여 명의 초등학생·중학생·고등학생·대학생·근로 청소년·기타 청소년들이 회원으로 가입되어 있다.

주요 활동으로는 청소년 수련교육, 지도자 수련교육, 화랑대회, 래프팅대회, 음악예능대회, 백제 청소년 종별 문화대회, 청소년 유해환경감

표 4-13 한국화랑청소년육성회 주요 연혁

연도	주요 내용
1989. 10	- 체육부로부터 사단법인 설립 인가
1992. 6. 9	- 통일원으로부터 남북 청소년 교류를 위한 북한주민 접촉 허가
1995. 11. 25	- 사랑의실천국민운동본부 공동대표단체로 활동
1997. 4. 20	- 과소비추방운동본부 공동대표단체로 활동
1998. 9. 4	- 국무총리실 청소년보호위원회 청소년유해환경감시단 운영
1998. 12. 22	- 미국 사단법인 국제화랑도연맹 설립
1999. 6. 15	- 서울시 식품위생감시단 운영
1999. 10. 14	- 전국청소년백제문화종별대회 개최
2000. 10. 30	- 21세기 청소년문화대동제 개최
2001. 11. 20	- 사랑의 쌀 나누기 운동 주관 단체
2005. 3. 7	- 제5대 총재 윤종보 방송위원회 위원 추대

자료: 한국청소년단체협의회(2010: 449-450).

시단 운영, 사랑의 쌀 나누기 운동, 설립기념대회, 화랑회보 · 계간지 간행, 국제 청소년 교류, 남북 청소년 교류 등이 있다.

9) 한국로타리청소년연합

한국로타리청소년연합은 다양한 프로그램 활동을 통해 한국의 청소년들에게 올바른 문화를 정착시키고 건전 육성을 위해 활동하는 비영리 · 비정치단체로서 회원 간의 친목을 도모하고, 학교와 지역사회를 위한 봉사, 세계 이해와 선의를 증진하는 국제교류 활동, 심신 단련과 인격 도야를 위한 각종 활동, 차세대 지도자 육성 등의 목적을 달성하기 위한 활동을 추진하고 있다.

한국로타리청소년연합은 1명의 이사장과 2명의 부이사장, 31명의 이사진으로 구성되어 있으며, 2명의 감사와 1명의 사무국장을 두고 있다. 또한, 이 단체는 국제로타리와 세계 다지구 정보기구(Multi-district Information Organization)에 가입되어 있으며, 우리나라 전국 각지에 지역 지구를 운영하고 있다. 그리고 한국로타리청소년연합에는 총 33,551명의 초등학생·중학생·고등학생·대학생·근로 청소년 등이 가입해 활동 중에 있다.

주요 활동으로는 '학교 또는 지역사회를 위한 각종 봉사 활동', '세계 이해와 평화를 증진하기 위한 국제봉사 활동', '각종 봉사 활동을 펴나가기 위한 토론회, 학술 세미나 등의 연수회 개최', '사회 활동을 준비하는 신세대 간의 정신적 수양과 교양 및 신체 단련을 도모하기 위한 각종 수련회 개최', '다른 나라 신세대 청소년 학생들과의 친선 교류' 등을 추진하고 있다.

표 4-14 한국로타리청소년연합 주요 연혁

연도	주요 내용
1963	- 대구 인터랙트클럽 창립
1969. 11. 20	- 부산대학 로타랙트클럽 창설
1996. 11. 4	- 인터랙트클럽의 단체등록, 추진위원회 구성
1997. 7. 15	- 문화체육부로부터 '한국로타리 청소년 인터랙트' 법인등록 승인
1997. 12. 31	- 청소년단체협의회 가입 승인
1999. 7. 2	- 문화관광부로부터 '한국로타리 청소년 인터-로타랙트' 법인 명칭 개정 승인
2001. 6	- 법인 정관 개정
2002. 11. 28	- 2008년도 인터로타대회 유치위원회 구성
2003. 2	- 청협 이사 단체로 선임
2003. 11. 12	- RI로부터 MDIO 가입 승인
2004. 6. 29	- 한국로타리청소년연합으로 법인 명칭 개정
2005. 4. 27	- 주무부처: 국가청소년위원회로 이관
2005. 9. 16	- Seoul INTERROTA 2008 유치
2008.8.17~23	- Seoul INTERROTA 2008 유치
2010. 5. 24	- 대통령 표창

자료: http://www.rotarykorea.or.kr

10) 국민독서문화진흥회

국민독서문화진흥회는 1991년 사회 각계 인사 30여 명의 발기인이 모여 '책 읽는 나라 만들기'를 독서운동의 기치로 전 국민에게 독서를 권장하는 단체로 출발했다. 국민의 독서문화를 고양하며 정서의 순화와 도덕성의 함양으로 건전한 민주시민 의식을 형성하고, 특히 어린이와 청소년의 독서 생활 진작을 목적으로 다양한 활동을 수행하고 있다.

국민독서문화진흥회는 명예회장, 회장, 상임고문을 각 1명씩 두고 3명의 부회장과 18명의 이사진으로 운영되며, 2명의 감사와 1명의 진흥위원을 두고 있다. 또한, 전국에 지회를 운영하고 있고 전체 30,780명의 초등학생 및 중학생들이 회원으로 가입되어 있으며, 한국아동단체협의회와 한국청소년단체협의회에 회원기구로 가입되어 있다.

국민독서문화진흥회는 설립 목적에 부합되는 문화사업, 교육사업, 연

표 4-15 국민독서문화진흥회 주요 연혁

연도	주요 내용
1991. 5. 1	– 책 읽는 나라 만들기 운동을 위한 발기대회
1991. 9. 17	– 창립총회
1992. 2. 18	– 사단법인 국민독서문화진흥회 설립 허가(허가번호 제99호 문화부)
1993. 6. 2	– 독서연구토론회
1994. 12. 30	– 해외 유출 전적문화재조사 영인사업
1997. 3. 12	– 책보내기운동, 전국 공공도서관에 4,400권 보냄
2000. 4. 17	– 독서문화 워크숍
2000. 8.7~14	– 찾아가는 독서문화–이동도서관
2002. 2. 15	– 한국아동단체협의회 정회원 가입
2002. 5. 21	– 비영리 민간단체 등록 승인(문화관광부)
2003. 3. 13	– 책 읽는 나라 만들기 운동본부 상표 등록(등록번호 543178호)
2003. 10. 3	– 책 읽는 나라 만들기 운동본부 특허 승인(출원번호 91665호)
2004. 5	– 독서연구회 조직
2005. 8. 1	– 한국청소년단체협의회 회원 가입

자료: http://www.readingnet.or.kr

구사업, 출판홍보 사업 등의 다양한 세부 활동들을 수행하고 있다. 청소년 문화사업으로서 대통령상타기 전국 고전읽기 백일장대회와 전국 청소년 독서감상 발표대회를 개최하고, 지도자 교육사업으로 독서지도자 양성, 서울시민 독서아카데미, 여성자원봉사자 전문교육 등의 다양한 프로그램들을 운영하며 연구사업으로서 독서지도자들로 구성된 독서교육 연구회를 두어 지속적인 도서교육 연구 활동을 지원한다. 또한, 출판홍보 사업으로서 계간지 「책 읽는 나라」 발간, 지도자 강습 지침서 등의 각종 보조교재 발행, 포스터 및 팸플릿 등의 홍보물 발행 등을 수행하고 있다.

11) 파라미타청소년협회

파라미타청소년협회는 급격한 산업화와 서구화로 인해 전통의 미풍양속과 가치관이 무너지고, 교육 또한 경쟁 원리와 입시교육의 압박으로 인한 인성(人性)교육이 실종되어, 미래 사회의 주역이 될 청소년들의 건전한 성장이 위협받고 있는 상황에서 청소년들에게 건강한 심신과 시민 의식을 길러 주고 전통정신과 문화를 계승할 수 있도록 돕기 위해 설립되었다. 따라서 이 협회는 신문명 시대를 맞이하여 올바른 청소년 문화를 정착시키고, 민족의 주체성을 확립시킴으로써 건전한 청소년을 육성할 것을 그 목적으로 하고 있다.

파라미타청소년협회는 1명의 이사장(총재)과 1명의 이사(회장), 그리고 9명의 이사진으로 구성되었으며, 1명의 감사를 두고 있다. 또한 전국 각지에 지회를 두고 있으며, 약 29,740여 명의 초등학생 · 중학생 · 고등학생 · 대학생들이 회원으로 가입되어 있다.

주요 활동으로는 '연구사업'으로서 청소년문화연구소 운영, 조직 활동 방안 마련, 교재 개발, 청소년지도자 학술 세미나, 청소년 심성 개발 등을 실시하고 있고, '문화사업'으로 전국연합캠프, 지역별 수련회, 사경공모전, 서울 역사현장 순례, 문화재 지킴이 활동, 청소년 문화존, 음악놀

표 4-16 파라미타청소년협회 주요 연혁

연도	주요 내용
1996. 3. 25	- 청소년 불자연합 파라미타 발대식 및 서울지부 출범식
1996. 9. 30	- 파라미타 청소년협회(단체명 변경) 법인 설립
1997. 12. 31	- 한국청소년단체협의회 정회원 난제 가입
1998. 3. 3	- 1998 청소년 건전 육성사업 운영단체 선정
1998. 4. 30	- 문화관광부지정 청소년 문화재애호자원봉사활동 특성화 단체 지정
1998. 7. 13	- 청소년 유해환경 감시단체로 선정(청소년보호위원회 지정)
1998. 7. 25	- 우리 자녀 안심하고 학교보내기운동 발대식
2000. 5. 19	- 문화관광부에 비영리 민간단체로 등록
2003. 7. 8	- 문화재 모니터링 활동
2005.10.1~31	- 하이서울청계천사랑운동
2009.7.20~23	- 제12회 파라미타 전국연합캠프
2009. 12. 24	- 우즈베키스탄 한민족 교류

자료: http://www.paramita.or.kr

이 페스티벌 등을 개최하며, '청소년 보호사업'으로서 유해환경 감시단 활동을 하고 있다. 또한, '국제교류 및 구호 활동'도 수행하는데 한・일 청소년 교류, 스리랑카와 캄보디아에 대한 국제구호 활동이 대표적인 활동 사례라고 할 수 있다.

12) 한국환경청소년연맹

한국환경청소년연맹은 전국의 청소년을 대상으로 환경문제에 대한 교육 및 훈련을 통한 환경사랑 실천운동을 범시민적으로 전개하여 환경의식을 고취하고 환경보전 확산운동에 기여할 것을 목적으로 하고 있다.

이 단체는 1명의 대표이사와 1명의 중앙연맹장, 1명의 상임이사로 구성되었으며, 인천광역시에 지회를 두어 운영하고 있다. 그리고 약 28,240여 명의 초등학생・중학생・고등학생들이 회원으로 가입해 활동 중에 있다.

표 4-17 한국환경청소년연맹 주요 연혁

연도	주요 내용
2001. 5. 9	- 한국환경청소년단 설립
2001. 9. 4	- 국토 대청결 운동
2002. 7. 10	- 생태계 유해 외래식물 제거
2005.11.17~19	- 환경생태계 체험 학습
2007.7.23~25	- 환경캠프
2008. 4. 26	- 천체관측 행사
2008.7.31~8. 2	- 인제 환경체험 캠프
2012.8. 2	- 강원도 인제 여름 청소년 환경캠프 개최

자료: http://www.knature.or.kr

주요 활동으로는 '환경청소년 교육 활동 및 계몽운동 전개'를 통해 자연형 하천 살리기에 따른 친수, 생태하천 공간 확보에 기여하고, '환경청소년 지도교사 연수'를 통해 환경부·교육과학기술부·문화체육관광부 등과 연맹 운영 협의를 하고 있다. 또한, '유비쿼터스 교원 교육연수'를 통해 U-러닝 교수학습 정보통신 윤리교육을 통한 바람직한 인터넷 환경을 조성하고, '환경보호 봉사대회'로서 환경수련회, 환경백일장 대회, 환경 캠페인 행사 등에 참여하며, '환경사랑 학부모연합 활동'을 위해 생태계 탐구, 현장 탐방, 캠페인 활동 및 환경교실을 운영하고 있다.

13) 청소년을 위한 내일 여성센터

청소년을 위한 내일 여성센터는 여성과 청소년이 스스로 중심이 되어 주체성을 가지고 자신의 꿈을 현실화하고, 봉사로써 사회를 더욱 건강하고 밝게 변화시키는 장이 되고자 1995년 3월 1일에 창립한 여성과 청소년을 위한 사회단체이다. 따라서 청소년을 위한 내일 여성센터는 청소년 인권이 보장되는 사회환경을 조성하고 청소년들이 스스로의 삶을 이끌어 갈 수 있는 장을 마련하며 보편적 인류의 가치를 구현하는 세계시민으로 성장케 함을 목적으로 하고 있다.

청소년을 위한 내일 여성센터는 1명의 이사장과 1명의 이사·상임대표 겸임을 두고 있으며, 5명의 이사진과 1명의 감사를 두고 있다. 또한, 이 단체는 경기도 군포시, 안산시, 수원시와 전라북도 전주시에 지부를 운영하며, 총 27,782명의 초등학생·중학생·고등학생·대학생들이 회원으로 가입되어 활동 중에 있다.

주요 활동으로는 청소년 교육 및 상담 활동으로서 청소년 성교육을 연간 1,000여 회 실시, 유아·초등학교 저학년 인형극 성교육, 성교육 프로그램 및 교구·교재 개발 및 보급, 전문 성교육 전시관 운영(서울시, 안산시, 전주시), 전국 읍·면 단위 학교 대상 이동식 성교육 전시관 운영, 청소년 내일 성폭력상담소 운영, 마당극을 이용한 청소년 성교육, 학교폭력 예방을 위한 상담전문가 양성 및 교육 등을 실시하고 있다. 청소년 문화활동으로서 전국 힙합 페스티벌, 1318방송 페스티벌, 청소년기자단학교, 청소년 오지 탐험 캠프, 애플천사단과 함께하는 폭력 없는 사회만들기, 학교폭력 예방운동, 성마당극(청소년 연극제), 청소년들의 몸부림(UCC 사이트 운영), 청소년 미디어 페스티벌 등을 개최하고 있다.

표 4-18 청소년을 위한 내일 여성센터 주요 연혁

연도	주요 내용
1995. 3. 1	- 내일신문여성문화센터 발족
1995. 5. 15	- 우리나라 최초의 전문성교육센터 설립
1996. 7. 1	- 부설 임산부기체조센터 오픈
1996. 8. 15	- 청소년유해감시단 발족
1997. 1. 3	- 부설 상담소 개소
1997. 8. 15	- (사)청소년을위한내일여성센터로 사단법인 등록
2000. 5. 3	- 전국 한줄로서기추진운동본부 발족
2000. 7	- 전국 낙도에 성교육만화책보내기운동 전개
2001. 5	- 내일청소년상담소 개명
2003. 9. 24	- 청소년보호종합지원센터 개소식

자료: http://www.tacteen.net

14) 한그루녹색회

한그루녹색회는 청소년들을 대상으로 생활환경과 국토 보전을 위한 한그루 나무심기 운동을 전개하고, 산림청과 공동으로 푸른숲선도원(Green Ranger)을 선발 및 육성하는 것을 목적으로 한다.

한그루녹색회는 1명의 이사장과 1명의 회장, 1명의 운영위원장으로 구성되어 있다. 또한, 이 단체는 서울 외에 전라도 지역에 지회를 두어 운영하고 있으며, 약 23,439여 명의 초등학생·중학생·고등학생들이 회원으로 가입하여 활동하고 있다.

주요 활동으로는 '교육 활동'으로서 산림교육 프로그램 개발 및 진행, 교육과정과 연계된 숲 생태체험 프로그램 기획 및 진행, 임업·산림환경 분야의 영재 발굴 및 육성, 교육용 교재 개발 및 출판, 지도자 양성을 위한 연수 및 교육 등을 실시하고 있고, '자원봉사 활동'으로서 사회적 요구를 반영한 청소년 숲 자원봉사 활동 프로그램 개발, 청소년 숲 자원봉사 활동 프로그램 운영 및 진행, 국가·지역사회 차원의 산림봉사 활동 프로그램 주도적 참여, 정부기관 및 시민단체와 협력적 봉사 활동 네

표 4-19 한그루녹색회 주요 연혁

연도	주요 내용
1989. 3	- 한그루 녹색회 창립
1991. 7	- 산림청 사단법인 허가 취득
1992. 5	- 산불 방지 캠페인
1993. 10	- 푸른숲선도원 육성사업 이관 추진
1995. 11	- 나무 이름표 달아주기
1999. 6	- 지정기부금 단체 인정(국세청 46012-11470)
2003. 6	- 농·어촌 청소년 자연캠프 개최
2006	- 제1회 그린레인저 전국대회
2007. 12.31	- 한국청소년단체협의회 가입

자료: http://www.greencause.or.kr

트워크 구축, 국민의 숲 조성 등을 시행하고 있으며, '정책 활동'으로서 숲교육을 청소년 사회교육의 중심 과제로 확산, 푸른숲선도원 육성 및 봉사 활동에 대한 각종 정책 제안, 사회적 공감대 확산 등을 추진하고 있다.

15) 한국청소년복지진흥회

한국청소년복지진흥회는 청소년 복음 선교와 후원 활동을 통해 청소년 보호 육성 선도 및 자생력을 위한 지원사업을 효율적으로 추진함으로써 청소년이 국가와 사회에 이바지할 수 있는 건실하고 유능한 청소년으로 성장하도록 하는 데 그 설립 목적이 있다.

이 단체는 3명의 고문과 3명의 이사진으로 구성되며, 2명의 감사와 1명의 이사장을 두고 있다. 또한, 전국 각지에 지회를 운영하고 있으며, 약 21,809명의 초등학생 · 중학생 · 고등학생 · 대학생 · 근로 청소년 · 기타 청소년 등이 회원으로 가입하여 활동 중에 있다.

주요 활동에는 '청소년 복지사업', '청소년 체육사업', '청소년 문화사업', '문화 보급사업', '새생활 마을 운영', '홍보사업' 등이 있다, 청소년 법률 규제 사업, 불우 청소년 위탁 자선병원 설립 · 운영, 소년 · 소녀가장 돕기 등을 실시하고, '청소년 체육사업'으로 생활체육교실과 청소년 수련원을 운영하고 있으며, '청소년 문화사업'으로서 민주시민 의식 개발 훈련, 통일 지향적 프로그램 개발 훈련, 세계화의 주역 대비 훈련 등을 시행하고 있다. 또한, '문화 보급사업'으로 평화통일 염원 청소년 한마음 문화 대축제 행사(백일장, 그림, 모자 사생, 국악 및 민속놀이, 장기자랑 등)를 개최하고, '새생활 마을 운영'으로서 출소 청소년 선도 및 재교육 취업 알선, 청소년 비행 예방사업, 청소년 출소자 기능공 양성 등을 지원하며, '홍보사업'으로 계간 홍보용 책자인 『푸른 계절』을 발행하고 있다.

표 4-20 한국청소년복지진흥회 주요 연혁

연도	주요 내용
1991. 5. 4	- 체육청소년부 사단법인 한국청소년복지진흥회 설립 인가
1991. 9. 8	- 사단법인 한국청소년복지진흥회 창립대회
1993. 7. 21	- 제1회 평화통일염원 전국청소년 한마음 문화대축제(강화)
1995. 1. 18	- 장한 청소년 문화유적 탐방
1999. 5. 3	- 제7회 전국 청소년 국악 및 민속놀이 경연대회 개최(군산)
2000. 5. 7	- 국제청소년센터 입주

자료: http://www.kawpy.org

16) 남북청소년교류연맹

남북청소년교류연맹은 남북 청소년들의 동질성 회복에 대한 중요성을 인식하여 각계각층의 인사들과 뜻을 같이함으로써 민법 제32조에 다라 설립되었다. 따라서 이 단체는 남북 청소년 간 동질성을 회복하는 새로운 프로그램을 운영하고 상호 교류를 통해 우의를 다지면서 공동체 의식을 함양하는 데 그 목적을 두고 있다.

남북청소년교류연맹은 1명의 총재와 4명의 부총재, 5명의 고문단과 5명의 이사진으로 구성되고, 감사 1명과 18명의 자문위원단을 두고 있다. 또한, 전국 각지에 지부 연맹을 두고 있으며, 21,635명의 초등학생 · 중학생 · 고등학생 · 대학생 회원들이 활동 중에 있다. 또한, 이 단체는 한국청소년단체협의회, 민족화해협력범국민협의회, 통일교육협의회 등의 기구에 가입되어 있다.

주요 활동으로는 '남북 동질성 회복사업'으로서 청소년 통일교육 및 화해 설명회, 대학생 및 일반인 협력 토론회, 판문점 및 전방 견학, 금강산 · 개성 · 평양 견학 및 통일 현장 체험 활동, 남북 해외 공동 행사 등을 개최하고 있고, '남북교류 협력사업'으로 학용품 및 생활필수품 나눠쓰기, 남북 청소년 교류 편지쓰기 전국대회, 1대1 남북 청소년 친구맺기,

남북 문화 예술교류 종합대전(기행문 · 만화 · 사진 · 음악 · 동시) 등을 추진하고 있다. 또한 '통일인재 육성 경연사업'으로서 청소년 및 일반인 남북 문화예술 한마당, 차세대 통일인재 육성(무용 · 연극 · 영상 · 뷰티 · 가요 · 연구) 등을 실시하고 있으며, '공동체의식 교육사업'으로 남북 생활용어 알리기 및 이해 돕기, 통일교육 교재 발간 및 배포, 공동체 이념 배지 제작 및 배부, 남북 화해 · 협력 연예인 홍보활동, 우수 프로그램 사례 발표 등을 수행하고 있다.

표 4-21 남북청소년교류연맹 주요 연혁

연도	주요 내용
2000. 11 2001. 2 2001. 3 2001. 4 2001. 7 2003. 8 2004. 1 2004. 3 2005. 4 2005. 7 2005. 9 2005. 10 2005. 12 2006. 7 2007. 10 2008. 8 2008. 11 2008. 12	- 통일부 사단법인 허가 - 청소년 통일교육 - 판문점 및 전방 견학사업 시행 - 남북 생활용어 알리기 및 이해 돕기 운동 발족 - 남북청소년 학용품 및 생활필수품 나눠쓰기 운동 발족 - 국제청소년캠프 참가 - 금강산 통일현장체험 연구사업 시행 - 민족화해협력범국민협의회 정화원 단체 - 연맹 상호 및 사업 내용 등록 - 남북교류와 경제협력 발전을 위한 한마음 다짐대회 개최 - 사이버 세계 속의 APEC 청소년 개막식 참가 - 청소년 푸른 성장 평화대장정 출범식 참가 - 2005 대한민국 청소년 지도자대회 참가 - 제1회 통일씩 전국무용 경연대회 - 남북 청소년 교류활동 자료 타임캡슐에 봉안 청소년 통일교육 우수단체 선정 사례 발표 - 국제청소년광장 국제교류 - 미래를 여는 아시아 청소년캠프 국제교류 - 2007 서울 뷰티콘테스트 주최 - 대한민국 청소년 대장정 - 세계 어린이 평화그림 전시회 - 판문점 및 전방 견학

자료: http://www.kyif.co.kr

17) 한국해양소년단연맹

한국해양소년단연맹은 청소년들에게 해양에 관한 교육훈련을 통해 해양사상을 고취하고, 투철한 국가관과 진취적인 기상을 함양함으로써 해양의 개발과 국가 발전에 기여함을 목적으로 한다.

한국해양소년단연맹은 1명의 총재와 8명의 부총재, 23명의 이사진으로 구성되어 있고, 2명의 감사를 두고 있다. 또한, 이 단체는 한국청소년단체협의회에 가입되어 있으며, 전국에 지방연맹을 운영하고 있다. 총 64,443명의 초등학생 · 중학생 · 고등학생 · 대학생들이 가입되어 있다.

주요 활동으로는 첫째, 훈련연수사업으로서 해양 탐구 교육 및 해양 훈련을 개최하고 있다.

둘째, 호국수련 활동으로서 육해공군 부대 견학 및 사관학교 명예 입교, 해상 순례 등을 수행하고 있다.

셋째, 국제교류 및 해외연수 사업으로서 국제청소년 해양축제, 청소년 우리얼 해외 탐방 등을 추진하고 있다.

넷째, 사회봉사 활동 및 해양환경 보호활동으로서 지역사회 청소, 해

표 4-22 한국해양소년단연맹 주요 연혁

연도	주요 내용
1962. 12	- 해양소년대 창단
1980. 7	- 제1회 해양기능대회 개최
1987. 11	- 연맹회관 건축
1996. 1	- 청소년자원봉사센터 설립
1997. 4	- 독도사랑 어린이수호대 발대
2004. 8	- 2004 한일 해양소년단 국제캠프 개최
2006. 8	- 제1회 전국해양스포츠제전 개최
2010. 7	- 제19회 국제청소년해양축제 개최
2010. 7	- 제5회 전국해양스포츠제전 개최

자료: http://www.sekh. or.kr

상순례 대행진, 교통 정리 등을 실시하고 있다.

2 청소년단체의 유형별 특성

여기에서는 앞서 언급된 한국청소년단체협의회와의 회원 단체 관계에 있으면서 서울 소재 청소년단체인 68개의 우리나라 청소년 관련 NGO들을 대상으로 유형별 구분 및 분석을 실시하고자 한다.

청소년단체들의 경우 특성상 단일의 목표만 수립하는 경우는 매우 드물며 복수의 목표를 설정하는 경우가 일반적이라고 볼 수 있다. 여기에서는 각각의 청소년단체들의 주요 활동 내역을 통해 사회적 신뢰, 상호호혜적 규범, 네트워크(관계구조), 민주시민 의식이라는 네 개의 범주로 유형별 분류를 시도했는데, 상황에 따라 복수로 포함될 수밖에 없는 특성이 반영되었다는 점을 주지해야 한다.

1) 사회적 신뢰 유형

사회적 자본은 일상생활과 경제적 효율성을 추구하는 시장에서 사회적 거래비용을 절감할 수 있는 수단으로서 신뢰가 핵심적인 문제라는 인식에서 개념화되었다고 볼 수 있다(장시준, 2006: 1). 신뢰를 유형화

표 4-23 생산 방식에 따른 신뢰의 유형

신뢰의 유형	근거	근거의 예
과정 의존적 신뢰	반복되는 교환	평판
특성 의존적 신뢰	개인이나 집단의 귀속적 특성	혈연, 인종, 성
제도 의존적 신뢰	공식적인 사회제도	신뢰를 제공하거나 보증하는 제도나 조직

자료: Zuker(1986); 장시준(2006: 9)에서 재인용.

한 학자는 주커(L. Zuker)가 있는데 그는 신뢰의 생산 방식에 따라 과정 의존적 신뢰, 특성 의존적 신뢰, 제도 의존적 신뢰로 구분하여 제시하고 있다(장시준, 2006: 9).

사람에 대한 신뢰는 신뢰의 기본적인 형태로서 사적인 형태의 신뢰를 의미하며, 현대 사회에서는 낯선 사람에 대한 신뢰가 이루어질 수 있기를 기대하기가 현실적으로 어렵기 때문에 사적인 친분이나 혈연만이 신뢰를 가능하게 해줄 가능성이 크다고 볼 수 있다.

이에 따라 제도에 대한 신뢰가 비중이 가해지게 되는데 공식적인 제도에 의해 특정 행위를 유발시키게 되므로 상황을 예측할 수 있으며 안정적인 대응 능력을 갖게 된다.

그러나 사회 내에서 폭넓게 사회적 거래와 공영으로 이어지는 협력을 촉진시키기 위해서는 이미 친분 관계가 형성된 상태에서 이루어지는 특수화된 신뢰[7]보다는 일반화된 타인에 대한, 즉 사회의 대부분의 사람에 대한 것이라든지, 처음 만난 사람을 신뢰할 수 있는 차원에서 논의되는 신뢰[8]가 형성되어야 한다.

사회적 신뢰의 유형에 포함시키기 위한 청소년단체의 범주는 자아 실현, 건전한 가치관, 건전한 심신 육성, 정서 순화 등을 함양시키는 데에 목적으로 활동하고 있는 단체를 포함시킬 수 있다.

---

7) 사적 신뢰라고도 하며 주로 가족이나 친구, 동료집단 등과 같이 매우 좁은 범위의 사람들만을 신뢰하는 것을 의미한다. 이런 경우 모르는 사람에 대한 관점은 경쟁자로 느끼고 있다든지 될 수 있으면 피해야 하고 조심해야 할 사람으로 인지하고 있는 등의 부정적인 태도를 보일 수 있다. 따라서 자신의 가치를 공유하는 사람들에게만 의존하게 되고 이는 주로 일상적으로 접촉하게 되는 동일 인종, 계급에게만 집중되어 동질적이며 배타적인 속성을 가진다.

8) 보편적 신뢰라고도 하며 도덕적 규범으로서 친분 관계에서 벗어나 있는 타인들을 믿어야 된다고 생각하고 있으며, 모두가 규칙을 잘 준수하고 있다고 여기고 있으며, 타인을 경계의 대상으로 인식하기보다는 무언가를 배울 수 있고 상호 이익이 되는 협동적 관계를 맺을 수 있다고 생각한다.

표 4-24 사회적 신뢰 구축을 위한 청소년단체의 활동

설립 목표	해당 단체 수	주요 단체명
건전한 가치관 확립	20개	기독교청소년협회, 성산청소년육성재단, 청소년과 사람사랑, 청소년폭력예방재단, 한국 B.B.S 중앙연맹 외 15개 단체
건전한 심신 육성	3개	국제청소년연합, 한국환경청소년단, 한국청소년골프협회
자아 실현	1개	한국청소년발명영재단
정서 순화	1개	국민독서문화진흥회
계	**25개**	**총 68개 단체**

2) 상호 호혜적 규범 유형

사회적 자본이란 한 집단에 속하는 멤버십으로서 집단적으로 소유하는 자본의 후원을 받을 수 있다는 신임장과 같은 것이다. 한 개인이나 집단이 소유하고 있는 경제적·문화적 자본으로 곧바로 환원되기가 쉽지 않지만 그것과 완전히 독립적일 수가 없다.

상호 인정을 제도화하는 교환은 최소한의 객관적 동질성의 인정을 전제로 하고 개인적으로 소유하고 있는 자본에 승수 효과를 발휘하기 때문이다(구혜정, 2002: 19). 따라서 사회적 자본의 재생산은 끊임없는 사교적 노력, 즉 서로를 지속적으로 인정하고 다시 긍정하는 계속적인 일련의 교환 과정을 전제로 한다.

경제적 논리에서 보자면 경제적 자본을 사회적 자본으로 바꾸는 전환은 일견 낭비적인 모습으로 보일 수 있으나 사회적 교환의 논리에 따르면 그것은 확실한 투자로서 결국 금전적으로나 비금전적으로 이익이 발생하게 된다.

이런 점에서 사회적 자본은 도구적 성격이 강하며 자연적으로 주어지는 것이 아니라 무엇인가를 기대하면서 투자함으로써 형성되는 특성을

가지는 상호 호혜적 의미를 강하게 띠고 있다고 볼 수 있다(Portes, 1998: 4).

따라서 상호 호혜적 규범은 기본적으로 사회적 시스템 내에서 이루어지고 있는 관계구조 하에서 형성되는 합의의 정도를 의미한다고 볼 수 있다. 이는 내면화 혹은 외부적 제재를 통해 규제되는 규범으로서 공공재의 문제를 해결하는 데 중요한 역할을 수행한다. 이러한 규범은 교육을 포함하는 사회화, 상호작용, 처벌과 같은 기제에 의해 유지되고 강화된다(장시준, 2006: 11).

상호 호혜적 규범의 유형에 포함시키기 위한 청소년단체의 범주는 자원봉사, 동일 문화권의 형성, 공동체 의식, 삶의 질, 원만한 인간 관계 등

표 4-25 상호 호혜적 규범 형성을 위한 청소년단체의 활동

설립 목표	해당 단체 수	주요 단체명
사회봉사 활성화	14개	한국YMCA전국연맹, 대한적십자가청소년적십자(RCY), 성산청소년육성재단, 어린이재단, 한국스카우트연맹 외 9개 단체
종교 의식 함양	13개	대한청소년성경구락부, 대한불교청소년연합회, 서울가톨릭청소년회, 원불교청년회, 한국기독학생회총연맹 외 8개 단체
전통문화 계승 · 발전	7개	국제청소년문화협회, 대한청소년충효단연맹, 한국청소년연맹, 흥사단, 한국향토사랑청소년봉사단 외 2개 단체
공동체 의식 함양	4개	그린훼밀리 · 그린스카우트연합, 남북청소년교류연맹, 울산청소년선도지도회, 한국시민자원봉사회
삶의 질 향상	3개	인구보건복지협회, 한국청소년육성회, 한국청소년인권센터
환경보호 의식 제고	8개	그린훼밀리 · 그린스카우트연합, 한국불교청년회, 한국우주소년단, 한국환경청소년연맹, 한국청소년스킨스쿠버협회 외 3개 단체
계	**49개**	**총 68개 단체**

과 관련한 활동을 하고 있는 단체를 포함시킬 수 있다.

특히 환경 보호와 관련한 의식 형성은 어떤 행동을 촉진하는 규범에 의해 다른 행동, 즉 상호 수용할 수 있는 규범적 논리 하에 행동을 억제하게 만드는 역할을 수행한다.

3) 네트워크(관계구조) 유형

사회적 자본은 행위자들 간의, 그리고 사회제도 간의 네트워크 구조 안에서 존재하는 것으로 개인이나 집단 등 행위자들 간의 전체적인 연계 형태를 의미한다고 볼 수 있다. 따라서 누가 누구에게 어떻게 접근하는가에 관한 관계구조를 설명해 주고, 개인의 행동을 제한하거나 격려하는 속성을 지닌다(장시준, 2006: 8).

콜먼(Coleman, 1988: 86-87)은 효과적인 규범을 가지는 사회적 관계의 한 가지 특성을 폐쇄성이라고 했는데, 규범을 통해 부정적인 외부 효과를 줄이고 긍정적 외부 효과는 제고할 수 있게 된다고 보았기 때문이다.

그러나 현실적으로 많은 사회구조 속에서 규범이 생겨나지 않는데 그 이유는 사회구조가 폐쇄되지 않았기 때문이다.

개방적 사회구조 하에서는 행위자가 타인들에게 동시에 부정적 외부 효과를 가지는 행동을 하더라도 타인들 간 관계가 형성되어 있지 않다면 행위자에 대해 효과적인 제재를 가할 수 없게 된다. 반면에 폐쇄적인 구조에서는 행위자에 대해 타인들이 집단적인 제재를 가하기 위해 협력하거나 혹은 행위자에게 제재를 가하는 사람에게 보답을 할 수 있는 형태가 유지될 수 있다.

이러한 한계를 극복하기 위해서 퍼트남(R. D. Putnam)은 『사회적 자본과 민주주의』라는 저술을 통해 사회적 연대성의 네트워크는 시민공동체 의식, 즉 공공정신을 잘 형성시킴으로써 협력적 행위를 촉진시켜 사회적 효율성을 향상시킬 수 있다고 보고 있다.

다시 말해, 시민공동체의 망이 잘 발달해 있게 되면 시민 참여의 규범과 네트워크가 잘 발달한 덕분에 정부를 포함한 모든 종류의 집행 활동을 용이하게 할 수 있다는 것이다(Putnam, 1994; 안청시 외 역, 2000: 281).

네트워크 유형에 포함시키기 위한 청소년단체의 범주는 국가 발전·지역사회 발전에 이바지, 세계 평화에 기여, 인류 공영, 국위 선양, 국제교류 등과 관련한 활동을 하는 단체를 포함시킬 수 있다.

표 4-26 네트워크 유지를 위한 청소년단체의 활동

설립 목표	해당 단체 수	주요 단체명
국가 발전 · 지역 발전 이바지	17개	삼동청소년회, 오운문화재단, 인구보건복지협회, 한국 4-H 본부, 한국청소년복지진흥회, 한국향토사랑청소년봉사단 외 11개 단체
세계 평화 기여	13개	대한적십자사청소년적십자(RCY), 아르미청소년문화재단, 아이섹코리아, 유네스코한국위원회, 한국청소년연합 외 8개 단체
세계화(국위 선양) 일조	4개	국제청소년문화협회, 국제청소년연합, 아르미청소년문화재단, 아이섹코리아
남북통일 기여	1개	남북청소년교류연맹
계	**35개**	**총 68개 단체**

4) 민주시민 의식 유형

성찰적 민주주의(deliberative democracy)의 정착은 우리나라의 지속가능한 발전을 위해 필수적인 과제라고 할 수 있다. 급속한 경제 성장 못지않게 민주주의로의 안정적인 이행을 기대하는 것은 선진화된 시민사회를 배경으로 이루어질 수 있다. 성숙한 시민사회에서는 각 개인들의 다양한 관계망 속에서 다양한 배경과 의견을 가진 다른 시민들과 토론을 통해 정치적 이슈, 사회적 이슈에 대해 공론을 형성해 나간다(김태종 외, 2006: 2).

시민사회의 기반이 없는 민주주의는 불안감을 주게 되는데 돌발적인 사건이나 대중매체의 피상적인 분석에 의해 사회의 여론이 급격한 쏠림을 보일 수 있다. 선거와 정책결정 과정이 이러한 여론의 쏠림 현상에 의해 영향을 받게 된다면 정책의 효과가 떨어지고 민주주의적 정치 과정에 대한 시민의 신뢰가 손상되면서 민주주의 자체의 안정성에 위협을 줄 수 있다.

따라서 궁극적으로 민주시민의 정치적 관심의 강도에 의해 정확하고 객관적인 정보의 파악을 위한 노력과 적극적으로 투표 과정에 참여 등의 행동으로 연결되어 안정된 사회분위기를 조성할 수 있게 된다.

또한 공동체적 삶에 대한 기본적인 사회 질서를 지키기 위한 상호간의 법규 준수에 대한 의식 수준의 정도와 이해 관계에 관련한 높은 수준의 자율성이 보장된 차원에서 적극적인 참여 의식 수준의 정도는 민주주의의 확립에 중요한 변인으로 고려될 수 있다.

민주시민 의식 유형에는 민주주의 확립 기여, 시민 의식 함양, 도덕성 확립을 위한 목적으로 활동하고 있는 단체를 포함시킬 수 있다.

여기에서 정리한 바와 같이 청소년단체를 네 가지 범주로 유형화시켜 분류한 것은 작위적인 모습이 엿보일 수 있으나 이러한 분류를 보완하

표 4-27 민주시민 의식 제고를 위한 청소년단체의 활동

설립 목표	해당 단체 수	주요 단체명
민주주의 확립 기여	9개	대한청소년충효단연맹, 한국걸스카우트연맹, 한국스카우트연맹, 한국화랑청소년육성회 외 5개 단체
시민 의식 함양	6개	국민독서문화진흥회, 청소년을 위한 내일 여성센터, 한국청소년육성회, 한사랑청소년광장 외 2개 단체
도덕성 확립	2개	세계도덕재무장(MAR/IC) 한국본부, 국민독서문화진흥회
계	17개	총 68개 단체

기 위해 각 범주별 대표적인 청소년단체의 설립 취지 및 운영하고 있는 구체적인 프로그램을 소개하면 <표 4-28>과 같다.

표 4-28 청소년단체의 유형별 특징

특징	청소년단체	설립 취지	주요 프로그램	공통적 요소
사회적 신뢰	성산청소년 육성재단	• 이웃사랑 • 국가와 사회에 봉사 • 전인적 가치관 확립	• 효행봉사단 운영 • 사회봉사 활동 • 국내외 친선 문화교류	• 사회적 신뢰 • 호혜적 규범 • 네트워크
	청소년과 사람사랑	• 청소년의 건전 육성	• 건전한 지역공동체 복원사업 • 사람사랑나눔학교 운영	• 사회적 신뢰 • 호혜적 규범
	기독교 청소년협회	• 올바른 사고와 삶 영위 • 인류 사회에 필요한 인재 양성	• 자원봉사 활동 • 비전스쿨 운영	• 사회적 신뢰 • 호혜적 규범
호혜적 규범	한국스카우트연맹	• 민주시민의 자질 향상 • 투철한 국가관과 민족의 주체성 확립 • 세계 평화와 인류복지에 기여	• 잼버리 • 영리더캠프 • 아구노리 • 장애스카우트 통합캠프 • 휴전선155마일 횡단체험	• 사회적 신뢰 • 호혜적 규범 • 네트워크 • 민주시민 의식
	대한적십자사청소년적십자(RCY)	• 세계 평화와 인류복지에 공헌 • 인도주의와 봉사정신 • 건전한 민주시민	• 봉사포스트 활동 • 환경보호 캠페인 • 인도주의 이념 보급	• 호혜적 규범 • 네트워크 • 민주시민 의식
	한국시민 자원봉사회	• 시민자원봉사운동 활성화 • 민주시민의식과 사회공동체 의식 함양	• 민주시민정신 함양과 국가 · 사회 발전 • 건전청소년 육성 및 선도 • 공동체 생활 의식 고취	• 사회적 신뢰 • 호혜적 규범 • 네트워크 • 민주시민 의식
	삼동 청소년회	• 전통정신과 문화 계승 발전 • 국가 발전과 세계 평화에 기여	• 전통놀이 개발 및 보급 • 고려인 청소년들과 함께하는 한민족 네트워크 • 국제교류 활동	• 사회적 신뢰 • 호혜적 규범 • 네트워크

네트워크	한국청소년복지진흥회	• 청소년 보호 육성 선도 • 국가 사회에 이바지	• 소년 · 소녀 가장돕기 • 청소년 비행 예방사업 • 민주 시민의식 개발 훈련	• 호혜적 규범 • 네트워크 • 민주시민 의식
	한국4-H 본부	• 국가사회 발전에 기여 • 민주시민으로서의 자질 향상 • 건전한 미래 세대 육성	• 청소년녹색농촌체험학교 • 도 · 농 교류 활동	• 사회적 신뢰 • 네트워크 • 민주시민 의식
민주시민의식	한국걸스카우트연맹	• 잠재력 개발 • 민주시민으로서의 자질 향상 • 봉사정신 • 국제 이해와 우의 증진	• 국제교류, 국제 이해 프로그램 • 리더십 함양 프로그램 • 봉사활동, 지역사회 개발 활동 • 회원국 교류 활동	• 호혜적 규범 • 네트워크 • 민주시민 의식
	한국청소년육성회	• 청소년 비행의 예방, 선도 활동 • 청소년 유해환경 정화활동 • 올바른 시민정신 함양	• 자원봉사 활동 • 사랑의 교실 운영	• 사회적 신뢰 • 호혜적 규범 • 민주시민 의식
	세계도덕재무장(MRA/IC)한국본부	• 양심과 인격적 주체성 확립 • 건전한 민주사회 건설	• 올바른 생활 영위 • 국제 이해 능력 및 배양	• 사회적 신뢰 • 호혜적 규범 • 민주시민 의식

주: 유형 분류하여 정리한 대표적인 청소년단체들은 설립 취지와 주요 활동에 따라 특정 유형에만 국한되는 것이 아니라 여러 범주에 걸쳐 활동하고 있음을 주지해야 함.

제 3 절 기대 효과

세계적인 사회학자인 코건(J. J. Cogan)과 데리코트(R. Derricott)가 공동 저술한 『21세기에 사회구성원들에게 요구되는 능력(*Citizenship for the 21st Century: An Internatianal Perspective on Education*)』(1998)은 현재 교육을 연구하는 사람들이 자주 이용하는 필독서 중 하나이다.

그 내용을 청소년에 적용하여, 미래 사회 청소년에게 필요한 능력을 다음과 같이 정리해 보았다. 그것들은 ⅰ) 세계화 시대, 시민사회의 한 구성원으로서 지역, 국가, 세계의 문제를 올바르게 판단하는 능력, ⅱ) 다른 사람과 협력적으로 일하고, 자신의 역할에 책임질 수 있는 능력, ⅲ) 문화 차이를 이해하고, 자아정체성에 통합시키는 능력, ⅳ) 비판적이고 체계으로 생각하는 능력, ⅴ) 비폭력적인 갈등 해결 의지, ⅵ) 환경보호를 위해 자신의 생활 방식과 소비 습관을 바꾸는 의지, ⅶ) 인권을 중시하고, 이를 보호하기 위한 감수성, ⅷ) 지역, 국가, 세계정치에 참여하는 의지와 능력 등이다. 청소년에게 이런 능력을 키워 주기 위해 지속적이고 체계적으로 학습시킨다면, 사회 발전에 대한 기대는 상당히 높아질 것이다.

현재 청소년단체는 청소년단체 활동의 대표적인 형태이며, 다른 유형의 청소년단체 활동에 비해 오랜 역사와 체계를 가지고 있다. 또한 원칙을 중시하고, 문서화된 규정을 통해 활동을 펼친다.

청소년단체는 청소년 활동과 청소년 정책의 핵심 기반 자원이기에 활성화되지 못할 경우 사회적으로 청소년을 위한 전문적인 지원 기능은 축소될 것이다.

청소년단체의 효율적인 운영과 이들 기관이 제공하는 시설, 프로그램은 청소년의 조화롭고 건전한 성장을 충분히 지원할 수 있다. 현대 사회는 좀 더 폭넓은 교육 체계와 교육관을 필요로 하기에, 이에 대비하여 청소년의 다양한 욕구를 충족시켜 줄 필요가 있다.

따라서 청소년단체는 사회의 구조적 역할 측면에서 볼 때, 청소년이 좀 더 나은 인격을 연마하고, 바람직한 사회구성원으로 성장할 수 있도록 기회를 제공한다. 청소년은 자발적인 참여를 통해 심신을 단련하고, 자질을 개발하게 된다. 이러한 청소년기의 경험은 사회의 여러 면을 좀 더 정확하고 풍부하게 모색하는 기회이자 자칫 잘못 생각하기 쉬운 사회의 환상적 이해, 지나친 낙관적 이해, 또는 부정적 이해를 현실에 가깝게 바로잡아 주는 역할을 한다(이복희, 2009: 200-201).

청소년단체 활동의 교육적인 영향은 다음과 같이 확실한 효과를 나타낸다(안병일, 2009).

첫째, 인간 관계의 개선이다. 청소년이 민주적인 과정을 통해 여러 가지 활동에 자유롭게 참여하는 것은 일상생활에 커다란 영향을 미친다. 좀 더 구체적으로 말하면, 청소년이 누리는 사회환경의 다양성은 인간 관계 범위에 대해 적절한 균형을 제공한다.

청소년단체 활동에 참여하면, 새로운 친구를 만나 과제를 수행하기 위해 협동심과 신뢰를 배우고, 규범을 준수하는 원만한 관계구조를 형성하게 된다. 또한 학교가 아닌 공간에서 자발적인 참여를 통해 열린 학습을 제공받게 되고, 스스로 잠재 능력을 최대한 발휘할 수 있는 좋은 기회를 얻는다. 따라서 청소년단체 활동은 자아 발견 기회와 창의성을 키워 주고, 원만한 인간 관계 형성에 큰 도움을 준다.

둘째, 경제적 효율성을 높인다. 청소년단체 활동은 사회적 방법으로 복잡한 일처리를 해결하는 방법을 가르치고, 그 경험을 통해 미래의 직업을 탐구할 수 있다.

즉, 실제와 가까운 경험을 통해 직업에 대한 만족도를 가늠할 수 있고, 다양한 기회를 얻어 어떤 사업의 계획, 실행, 완수를 경험으로 체득할 수 있다. 이와같이 청소년단체 활동을 통해 자기 적성에 맞는 직업 탐색이 가능하다.

셋째, 사회 발전의 주도적 역할을 가능하게 한다. 청소년의 구체적인 생활 거점이자 교육의 장인 지역사회에서 그들이 활약할 수 있는 일에 주목하자.

청소년이 주체가 되어 지역사회 각종 문제에 관심을 갖고, 이를 분석해 해결 방안을 제시하거나 직접 그 해결을 위한 일에 동참하는 것이다.

예를 들어 학교 내 폭력, 왕따 예방 활동, 유해환경 감시 활동 등은 지역사회가 본질의 기능을 회복하여 인간 사교(社交)의 영역으로서, 상호 영향의 영역으로서, 상호부조의 영역으로서, 삶의 숨결을 함께하는 공간으로서의 기능을 발휘하도록 돕는 것이다.

사회 발전은 거창한 이론이나 정책보다는 지역사회별로 전개되는 작은 소모임의 활성화로 이룩되는 측면이 강하다. 청소년단체 활동이야말로 지역사회의 본질적 기능을 회복하는 데 주요한 역할을 수행할 수 있다.

넷째, 민주시민으로서의 책임 의식을 높여 준다. 이웃과의 관계를 통한 시민 의식의 함양은 건전한 지역사회에서의 생활 양식, 분배와 협력, 책임 의식의 강조, 타인을 이해하려는 관용성 등을 형성케 한다.

다시 말해, 21세기를 이끌 주역으로서 청소년이 사회의 흐름에서 소외되지 않고, 역사의 발전에 적극적으로 참여하며, 탁월한 지성과 창조성, 예민한 도덕성, 민주적인 태도와 능력, 민족과 국가에 대한 사랑과 이해, 세계시민으로서의 투철한 세계관을 갖게 된다.

다섯째, 비행 청소년들을 위한 교정과 치료 기능을 수행한다(차경수, 2005: 343). 청소년단체의 중요한 역할 중 하나인 이 기능은 비행 청소년에 대한 사회 대책이, 강제적인 것에서 건전한 청소년과의 교류를 통해 자력으로 일어서게 돕는 것으로 바뀌면서 더욱 주목받고 있다.

가정에서 이들을 돕는 것을 기대하기는 사실상 쉽지 않고, 학교 역시 수업에 바쁜 나머지 이들에 대한 대책은 소홀한 실정이다. 이러한 영역에서 청소년단체의 역할이 강조될 수 있으며, 청소년단체는 이 기능을 수행하기 위한 전문적인 프로그램을 개발해야 한다.

이와같이 청소년단체는 청소년들의 몸과 마음을 건강하게 성장시켜 개인적으로는 훌륭한 생활의 주체가 되게 하고, 사회나 국가적으로는 필요한 인재로 키우기 위해 다양한 활동과 프로그램을 개발하여 제공하고 있다.

이렇게 보면 청소년단체는 사실상 학교와 그 역할이 비슷한 것으로 볼 수 있으나, 청소년단체는 설립 주체가 다양하기 때문에 각기 다른 목적을 가지고 있다.

학교가 주로 학습을 통해 지적인 발달에 주력하는 반면, 청소년단체는 신체 발달 활동, 오락 활동, 봉사 활동, 여가선용 활동, 시민 의식 제고 등에 주력하는 사회교육 활동을 수행하고 있다. 따라서 청소년단체는 가정이나 학교가 제공하지 못하는 영역에 대해, 다양한 프로그램을 적극적으로 개발하고, 그 활동을 활발히 전개하기 위한 다각적인 노력이 필요하다.

현재 대표적인 청소년단체인 스카우트는 전 세계적으로 보편성과 역사성을 인정받고 있다. 특히 자신의 능력과 흥미를 반영한 진보 제도, 협동심과 리더십을 기르는 반 제도 등 다양한 프로그램을 운영하고 있다. 또한 명지대학교 등 20개 국내 대학에서 스카우트 학과목을 개설하여 학점을 인정하는 등 학문적 이론 체계도 갖추고 있다(안병일, 2009: 101).

국제조직과의 협력적인 측면에서도 기여하고 있는 바가 매우 크다. 현재 스카우트는 UNICEFF, UNESCO, ECOSOC, WHO 등의 자문기구로서 다양한 국제조직과 상호 협력 관계를 유지하고 있다. 이는 스카우트 운동이 하나의 청소년단체 활동으로 그치는 것이 아님을 보여 준다. 그러므로 스카우트운동에 참여하는 청소년은 가까운 미래, 국가와 사회 발전에 상당한 기여를 할 세계시민이 될 것이다.

제5장 사회적 자본 형성을 위한 청소년단체의 역할 강화

이 장에서는 앞 장에서 살펴본 바와 같이 청소년들의 자아형성기에 단체활동을 경험한 것이 향후 성인이 되어 건전한 사회생활을 영위해 나가는 데에 요구되는 모습에 여러 가지 긍정적인 영향을 미쳤다는 점을 토대로 하여 사회적 자본의 형성과 관련한 정책적 제언을 하고자 한다.

즉, 사회적 신뢰와 상호 호혜적 규범, 관계구조, 민주시민 의식은 청소년 활동에 대한 인식을 재정립하여 적극적인 단체 활동의 참여를 조장하고, 청소년들의 특성에 따른 욕구 수준과 사회의 요구에 적합한 다양한 프로그램의 개발, 재원 확보의 열악함에 따라 청소년단체가 경험하고 있는 다양한 문제들을 완충시킬 수 있도록 좀 더 적극적인 정부의 정책적 재정 지원이 이루어져야 하며, 청소년단체 활동에의 참여를 활성화하여 사회적 요구에 부응하는 건전한 청소년 육성을 위한 제안을 하고자 한다.

여기에서 논의하는 내용들이 체계적으로 잘 이루어질 때 궁극적으로 수준 높은 사회적 자본의 형성을 기대할 수 있게 될 것이다.

제1절 청소년 활동에 대한 인식 전환

청소년 혹은 청소년기를 보는 시각에 따라 청소년에 대한 사회적 관심의 변화는 청소년 지도 중심의 논의와 청소년이 주체이자 성인과의 파트너십이 이루어지는 활동 중심의 논의로 나누어 볼 수 있다.

청소년 지도 중심의 논의는 그 개념적 변화가 i) 보충적 사회교육 개념으로서의 청소년 지도, ii) 자기통제력 및 사회성 증진에 강조를 두는 청소년 지도, iii) 사회적 예민성 증진에 강조를 두는 청소년 지도, iv) 지역사회 참여 경험 확대에 강조를 두는 청소년 지도로 진행되어 왔다(문용린, 1992).

반면에 청소년 중심의 활동에 대한 논의는 치료적 패러다임(remedial paradigm), 사회순응적 패러다임(pro-social paradigm), 통합적 패러다임(integrative paradigm) 등 통상 세 가지 패러다임이 순차적으로 전환되어 온 것으로 정리해 볼 수 있다.[1)]

청소년 활동의 목적은 청소년 개인의 역량을 강화하고 다양한 능력을 보유할 수 있도록 하며, 청소년들이 환경과의 상호작용 과정에서 파생되는 스트레스, 불안, 역할 갈등, 사회 관습 및 규범과의 부조화 등에서 기인한 욕구를 충족하고, 가치를 재정립하며, 생활 기술을 획득함으로써 주위 환경에의 대처 능력을 강화하고, 새로운 변화에 지속적으로 직면

---

1) 치료적 패러다임에 기초한 접근은 본질적으로 청소년들을 문제를 지니고 있는 존재로 인식하는 관점이기 때문에 치료되고 교정되어야 하는 대상으로 보며, 사회순응적 패러다임은 성격 형성을 사명으로 하는 기관의 초기 활동에서 정의된 개념에 근거를 두고 청소년을 현대 사회에서 초래된 병리 현상의 잠재적 희생자로 보아 이들을 사회병리 현상으로부터 보호하는 데 초점을 두었으며, 통합적 패러다임에 기초를 둔 접근은 청소년을 지역사회 발전을 위한 통합의 한 부분으로 보고 교정이 필요한 문제아가 아니라 잠재적 동반자이고 사회의 기여자로 보는 관점이다(전성민, 2003).

하면서 자아 실현에의 의지를 유지하고 발현할 수 있도록 지원하는 차원에서 진행되어야 한다.

그러나 기존의 청소년 활동에 대한 논의들은 청소년 자신의 활동에만 국한되었으며, 제한된 범위의 정형화된 활동만을 청소년 활동으로 인식하는 한계가 있었다(전명기, 2006: 111). 그나마 과거 청소년 계층을 보호의 대상으로 인식하고 있는 점에서 육성으로의 인식 전환이 이루어지게 된 것은 다행스러운 일이다.

이제는 그러한 인식에서 탈피하여 청소년들의 실생활의 삶의 필요에 부응하고 청소년에 대한 사회적 관심과 기대를 충족시킬 수 있어야 한다는 측면에서 청소년 활동을 청소년이 현재의 성장 발달에 필요한 욕구를 충족하면서 독립적인 사회 성원으로 이행해 가는 시기에 그들의 주장을 펼치고 영향력을 가지며, 건전한 사회 성원이 되기 위한 다양한 기회에 참여하여 활동하고, 이러한 활동을 지지하는 성인들의 동반적 지원이 요구된다.

청소년들은 스스로 여러 가지 학습 과정이나 경험을 통해 사회가 요구하는 가치나 규범들을 인정하고 내면화하기 위해 노력하고 있는 가운데에서도 독립된 삶의 주체로서 역할을 수행하기에는 아직 미흡한 존재들이다.

이로 인해 일부 부분적인 일탈행위의 모습들이 나타나게 되는데, 사회에서는 이러한 측면에 사로잡혀 청소년 활동과 연계하여 일탈적인 모습으로부터 청소년을 보호하려는 차원의 인식이 강하게 나타나고 있다. 이는 청소년 계층에 대한 소극적인 모습이라고 볼 수 있으며, 좀 더 적극적인 관점에서 건전한 사회생활을 영위할 수 있도록 청소년들을 육성해야겠다는 인식의 전환이 요구된다.

즉, 미래 사회를 위한 공동체적 삶의 지향을 바탕으로 청소년들이 각자의 개성과 능력을 창의적으로 발휘할 수 있도록 하는 기반이 구축되어야 한다. 이를 위해 청소년들에게 주어지는 기회의 범위를 최대한 확대하여 다양한 기회를 통해 개개인의 잠재력을 무한히 확장시키도록 하며, 개성을 창조적으로 발휘할 수 있도록 고정 관념에서 탈피하여 좀 더 풍부한 기회와 여건을 제공할 수 있는 관용적이고 적극적인 청소년 육성을 추진해야 한다.

청소년들의 성장은 가정과 학교 이외에도 사회적인 영향을 많이 받게 되는데, 학교 밖의 사회적인 활동의 장소로서 청소년단체는 가장 적절한 공간을 제공해 줄 수 있다. 즉, 학교교육은 체계적인 지식과 상급 과정으로의 진학에 전력하는 나머지 자칫 소홀히 여겨지게 되는 청소년들의 전인교육에 대해 청소년난체를 통해 실현될 수 있는데, 청소년단체는 좀 더 적극적으로 청소년의 건전한 성장과 인력 개발 등을 위해 기대되는 역할을 충분히 감당할 수 있다고 본다.

따라서 청소년 활동은 좀 더 적극적인 관점에서 건전한 사회인으로서의 육성을 위한 청소년의 자율적 참여와 성인-청소년 간의 진정한 상호교류가 원만하게 이루어지는 것을 전제로 한 청소년 활동(by youth) 또는 청소년에 의한 활동(youth-initiated activity), 그리고 청소년 지원 활동(for youth) 또는 성인에 의한 활동(adult-initiated) 양자를 모두 포괄하여 진행되어야 할 것이다.

이로써 향후 사회에 대한 신뢰감을 형성케 하고 이웃을 돌아보게 하며 민주시민으로서의 자질을 향상시킬 수 있게 될 것이다.

제 2 절 다양한 프로그램 개발

청소년 활동의 프로그램은 청소년의 특성에 상응할 수 있는 구성 요소를 갖추어야 한다.

이와 관련하여 강대근(1998: 9-10)은 효과적이고 성공적인 청소년 활동 프로그램이 갖추어야 할 요소로 청소년들로 하여금 삶의 질을 유지하고 개선할 수 있는 실질적인 기술을 개발하도록 도와 주는 능력(competence), 청소년의 인간 관계를 촉진해 주는 관계(connection), 청소년들로 하여금 그들의 삶이 가지는 의미와 방향을 제시할 수 있는 가치의 내면화를 촉진하는 개성(character), 그리고 청소년들에게 희망과 자존심을 갖도록 하는 경험을 제공하는 확신(confidence) 등 네 가지를 제시하고 있다.

그리고 성인들에 의한 청소년 활동은 위에서 제시한 활동 외에 청소년에 대한 인식의 전환과 삶의 지향을 담보한 생활 중심의 예방 활동과 청소년의 자율적 활동과 정치적 · 사회적 · 문화적 참여를 제도적으로

국회야영대회(2011), 한국스카우트연맹

평화통일 체험활동(2012), 한국스카우트연맹

가능하게 하는 지원 활동이 좀 더 폭넓게 전개되어야 한다.

이를 종합하여 청소년의 삶에 부응하며 사회의 기대에 조응할 수 있는 청소년 활동의 프로그램에 대한 기본 틀을 제시하면 [그림 5-1]과 같다. 이러한 틀 속에서 다양한 프로그램들이 개발되어야 할 것이다.

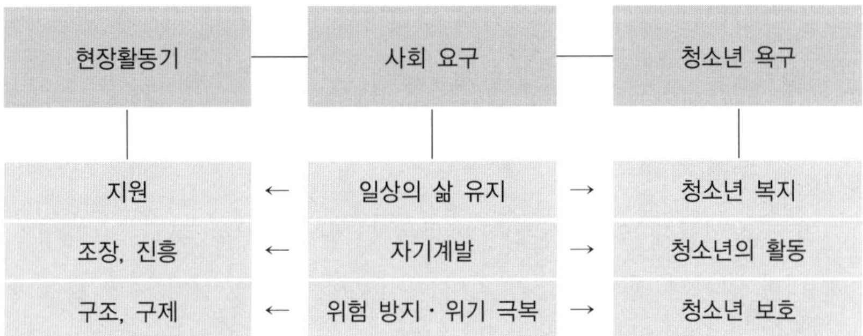

그림 5-1 청소년 활동의 프로그램 개발을 위한 기본 틀

자료: 전명기(2006: 112).

여기에서 현장활동기의 영역에 대한 구체적인 내용은 사회 요구와 청소년의 욕구에 부응하는 차원에서 조건의 차이와 격차를 해소하기 위한 지원이 이루어져야 하고, 능력 개발이나 기회를 균등하게 제공해 주기 위한 조장이나 진흥, 안전과 건강을 위한 조치로서의 구제가 이루어지도록 해야 한다. 이를 위해 다음의 전제를 확인하여 접근이 이루어져야 한다.

첫째, 청소년 활동이 자발적 참여를 통해 이루어지는가?

둘째, 청소년 활동의 기획 단계에서 실행의 과정에 청소년이 민주적 의사결정에의 참여와 청소년의 흥미와 관심에 따른 선택인가?

셋째, 청소년 활동이 청소년 스스로 실험하고 도전함으로써 이루어지는 경험적 학습을 포함하고 있는가?

넷째, 청소년 활동의 경험을 자신의 일상생활에 적용할 수 있도록 생활 지향적 반영이 이루어지고 있는가?

이러한 내용을 고려하여 청소년들이 처한 현실과 욕구를 반영해 다양한 경험을 제공하는 프로그램을 개발하여 합리적으로 운영할 수 있는 분위기가 이루어져야 할 것이다.[2)]

청소년단체에 참여할 때 참여자들로 하여금 절실히 요구되는 내용 중의 하나가 다양한 프로그램의 제공이다.

특정 청소년단체에 가입하여 매년 계속해서 프로그램에 참여할 경우 반복적이고 형식적인 프로그램 진행으로 흥미를 상실하는 상황이 발생되는데 이러한 문제를 보완하고 청소년단체의 본래 기능을 회복하기 위해 청소년의 욕구에 부응할 수 있도록 재창조할 필요성이 제기된다(한국스카우트연맹, 2007: 45).

즉, 대인적인 차원뿐만 아니라 제도적 차원까지 이루어지는 사회적 신뢰감의 형성, 공동체적 풍요로운 삶을 지향하는 상호 호혜성과 네트워크의 증진, 좀 더 성숙한 민주시민 의식을 제고하기 위한 체계적이고 전문화된 다양한 프로그램[3)]을 개발하기 위해 최선의 노력을 기울여야

---

2) 한국스카우트연맹의 프로그램 개발 과정을 살펴보면 다음과 같다. 먼저 성공적인 유스 프로그램을 위한 지침으로서 i) 청소년의 욕구와 기제를 반영한 유스 프로그램 시행, ii) 문화와 세대에 따른 프로그램 적용, iii) 불변적 요소와 가변적 요소들을 명확하고 올바르게 준수하는 것이다. 여기에서 불변적 요소는 스카우트 운동의 목적, 기본 원칙, 방법 등이고, 가변적 요소는 시대와 사회의 요구에 알맞게 수정된 각종 프로그램을 의미한다. 이를 토대로 하여 프로그램을 개발하는 과정은 다음과 같다. i) 청소년의 욕구와 기제 사항 분석을 통한 교육계획 수립, ii) 개인 발달의 모든 영역 파악, iii) 총체적 교육목표 작성, iv) 프로그램의 연령별 구분 결정, v) 연령 부문별 교육목표 수립, vi) 다양한 경험을 제공하는 활동 개발, vii) 연령 부문별 방법 개발, viii) 대원 진보 과정 계획 등으로 이루어지고 있다. 이를 대분류하면 목표 수립 단계, 각 연령 부문 구성 단계, 시스템 작업 실행 단계로 구분해 볼 수 있다(신인순, 2005: 67-73).

3) 일반적으로 건전한 청소년을 육성하기 위한 프로그램은 예방적 기능과 치료적 기능으로 구별하여 접근해야 한다. 먼저 예방적 기능 측면에서는 인격 형성과 가치관 정립, 취미 생활, 교양강좌, 사회봉사, 생활기술 교육, 스포츠 및 오락, 국제적

할 것이다.

청소년등산학교(2010), 한국스카우트연맹

제 13회 한국잼버리(2012), 한국스카우트연맹

이해를 위한 프로그램이 있고, 다음으로 치료적 기능 측면에서는 정신분석 치료, 사례 활동, 교육적 상담, 현실치료법, 직업지도와 상담, 행동 수정, 위기조정법, 집단 상호작용 지도, 환경요법, 가족치료 등의 프로그램이 있다(차경수, 2005: 350-360).

제 3 절 정부의 재정적 지원 확충

청소년단체의 운영상 문제점과 애로 사항은 산적해 있지만 안정된 재원 확보 문제가 가장 심각하다고 할 수 있다.

청소년단체를 경제적인 측면에서 본다면 소비집단인 동시에 계속적인 재정의 뒷받침을 필요로 하는 미래 지향적 투자집단으로 생각할 수 있다. 그럼에도 불구하고 정부 차원의 지원은 매우 부족할 뿐만 아니라 그 과정이 까다로워 정부 지원을 받기에 어려운 점이 많고 일부 단체에 편중되는 경향이 있으며 독지가나 관련 기업인의 기부금과 일반 사회기관의 협찬을 받을 수 있는 제도의 열악함으로 인해 광고 효과가 있을 정도의 규모가 아니면 기대하기 어려운 실정이다.

이로 인해 청소년단체 운영 자체의 어려움은 물론 다양한 교육 프로그램을 전개하기가 어렵고 활동비용은 청소년 수익자 부담이므로 경제적 형편이 나은 청소년들에게만 수혜되는 문제를 안고 있어 때로는 청소년들 간에 위화감을 조성하기도 한다.

청소년단체 활동에 참여할 때 학생들이 가장 부담스러워하는 사항 중의 하나가 단체 활동에 참여하는 데 드는 비용 부담의 문제이다(한국스카우트연맹, 2007: 140-142). 이는 청소년들이 단체활동에 참여하는 데 걸림돌이 된다고 볼 수 있는데, 실제적으로 활동에 대한 참가 비용이 정부나 사회단체들로부터 지원이 이루어져 부담 비용이 적을 경우 참여자의 수가 자비로 참여할 때와 비교해 참여자 수가 크게 차이나고 있는 점이 이를 반증한다.

따라서 이를 해결하기 위해서는 국가나 지방자치단체의 청소년 육성 업무를 담당하는 부서에서 적극적인 지원과 협조가 있어야 해결 가능하

김황식 국무총리 잼버리 개영식 격려 방문(2012.8.2).

다고 볼 수 있다. 왜냐하면 활동 프로그램을 운영하는 데 드는 비용(강사비, 교구 및 기자재, 운영비 등)이 충분하게 확보되어 지원되어야 유능한 강사진의 확보와 충분한 시설로 양질의 교육이나 활동이 이루어질 수 있기 때문이다.

활동비나 참가비가 현실적으로 책정되어 지원되지 않으면 유능한 강사진의 확보가 어려워지고 강사진의 낮은 보수로 인해 이직률이 커져 효율적인 활동 지원을 기대하기 어렵게 될 것이다.

그렇기 때문에 청소년단체 범주의 재정립, 청소년단체의 다양화와 내실화가 필요할 뿐만 아니라 국가나 지방자치단체, 사회기관, 청소년단체 간의 연계 체제의 확립과 청소년단체협의회의 기능 강화, 그리고 청소년단체의 활동을 활성화하기 위한 적극적인 재정 지원의 확대와 활동 여건의 조성이 절대적으로 요구되며, 이를 통해 청소년들의 단체활동비나 참가비의 보조가 이루어져 더 많은 청소년이 다양한 체험 활동을 경험할 수 있을 것이다.

이에 부가적으로 청소년 활동정책 추진을 위한 관계 부처 간의 업무 연계, 협력, 조정 기능을 확립해야 한다. 현재의 청소년 활동정책의 기본법인 청소년활동진흥법은 청소년 활동 영역에 대해 균형감을 가지고 있지 못하며 비체계적·중복적이라는 문제점을 가지고 있다(이복희, 2009: 229).

그뿐만 아니라 세부 실천 법령이 여전히 부족하고 청소년 관련법이나 규정 간에 혼선까지 발생되는 경우가 나타나고 있다. 따라서 청소년 활동에 대한 종합적이고 근본적·장기적인 대책 수립과 함께 관련 부처 간, 중앙정부와 지방정부 간, 지역 내에서의 관련 조직 간 연계 협력 체계를 구축해야 한다.

이와 더불어 흩어져 있는 청소년 관련 법령 및 규정 간의 혼란 문제를 해결하고, 정책사업으로서 청소년 활동의 범주와 역할이 좀 더 명확하게 드러나도록 관계 법령을 체계적으로 수정·보완하는 작업이 이루어져야 할 것이다.

제 4 절 다양한 청소년 활동의 체계 구축

그동안 우리나라에서 청소년 활동이 제대로 전개되지 못한 원인은 활동 외적 원인과 내적 원인의 두 가지로 분석될 수 있다. 외재적 원인이란 학력 위주의 인력 선발 풍토, 전인적 여가관의 부재 등과 같이 활동의 전개와는 직접 관계가 없지만 청소년 활동을 근본적으로 위축시키는 문화적·제도적 토양을 말하고, 내재적 원인은 활동을 전개하는 데 직접적으로 장애가 되는 예산이나 지도자, 시설의 부족, 프로그램의 부족 등을 뜻한다.

그러나 이러한 청소년 활동 저해 요인들이 각각 별개로 작용하고 있다고 보기보다는 서로 간의 인과 관계를 형성하면서 총체적으로 활동을 위축시키고 있음을 이해할 필요가 있다. 이와 같은 상황에서 그 저해 요인 한두 가지를 제거하는 방안만으로는 불충분하며 체계적이고 지속적인 활동의 전개가 요구된다.

청소년 활동의 체계를 구축하기 위해서는 먼저 학교 교육과의 연계, 즉 그 상호 보완적 역할이 이루어져야 하는데, 학교교육이 이론·교과 중심이고 그 내용이 기초적·원리적인 면을 참고하여 생활·체험 중심으로 응용·실천적인 면을 강조해서 전개될 필요가 있다.

또한 학교교육이 그 접근 방식에서 통제·주입식 형태로 이루어지고 있고 주로 또래집단을 대상으로 이루어지는 면을 고려하여 자발적·탐구적으로 다른 연령집단이 함께 어우러져 이루어지는 상황을 경험할 수 있도록 유도할 필요가 있다.

따라서 청소년단체 활동을 통해 청소년이 지역사회를 기반으로 자아형성과 자기계발에 기여할 수 있는 여건 속에서 세대 간의 만남과 다양한 삶의 경험이 가능한 기회를 가지고 그것을 실현하기 위한 자발적 활동이 이루어지도록 지향해야 한다.

그러나 우리나라의 청소년단체들은 설립 취지나 목적, 이념 등이 분명한데도 불구하고 조직 형태와 활동 내용을 보면 매우 유사하거나 중복되어 있다. 이에 따라 각 청소년단체는 전문화, 특성화되어 상호 보완적인 관계로 발전하기보다는 경쟁적·갈등적 관계를 맺게 됨으로써 전체적인 청소년단체 활동이 활성화되는 데 장애로 작용하고 있다(한국청소년학회, 1999: 640). 거기에다 각 청소년단체는 앞에서 언급한 것처럼 재정적 영세성을 면치 못하고 있기 때문에 전문화와 다양화가 이루어지지 못하는 구조적 한계를 지니고 있다.

따라서 학교 교육에서 충족시키지 못하는 전인교육에 대해 각각의 청소년단체가 추구하고자 하는 설립 목적에 따라 엄격한 차별성을 형성하여 상호 협력 체계를 구축할 뿐만 아니라 청소년들이 개별적인 활동 욕구에 따른 다양한 선택의 기회를 부여해 주어야 한다.

청소년 활동은 다음과 같은 조건을 구비할 때 의도하는 수준의 개발을 이루어낼 수 있을 것이다(Pittman, 2002). 즉, i) 안정적인 장소(stable places), ii) 기본적인 관심과 보살핌(basic care and services), iii) 또래 및 성인과의 건전한 관계(healthy relationships with peers and adults), iv) 높은 기대와 기준(high expectations and standards), v) 역할 모델, 자원과 네트워크(role model, resources and networks), vi) 참여와 기여를 위한 도전적인 경험과 기회(challenging experiences and opportunities to participate and contribute), vii) 양질의 학습과 훈련(high quality instruction and training) 등이다.

피트먼(K. J. Pittman)이 제시한 조건들은 좀 더 체계화된 다양한 청소년단체들을 통해 제공될 수 있고, 이들 단체에의 활동을 통해 기대하는 다양한 도전과 경험, 양질의 학습과 훈련이 이루어질 수 있다. 이러한 조건을 충족시킬 수 있는 청소년단체의 기반 위에서 청소년들이 생활하고 성장하게 된다면 청소년들은 성인기에 진입하는 과정에서 신뢰감(자기존중, 숙달과 장래성), 인성(책임감, 영성[spirituality]), 네트워크(안전과 체계, 소속감과 귀속감), 능력(시민적·사회적 능력, 문화적 능력, 신체 건강, 정신 건강, 지적 능력, 직업 능력), 사회적 기여(참여, 권한) 등의 바람직한 성과를 거둘 수 있을 것으로 기대된다.

제 6 장

공동체의 모순

블랙(Anthony Black)은 다음과 같이 주장했다(Blank, 1984: 1).

조밀하게 짜인 정서적 공동체 개념은 악명 높게도 현대 서구인들을 사로잡는다. 우리는 그것을 이상적인 과거와 관련지어 생각하는 경향이 있으며, 그러한 과거의 부활 속에서 더 나은 사회를 향한 우리의 희망에 초점을 맞추는 경향이 있다.

그러나 '공동체'에 대한 수많은 담론이 있는 반면, 복잡한 개념들을 지나치게 단순화시킨 것과 그만의 낭만주의와 그러한 용어들 자체에 내제된 긴장의 회피에 대한 수많은 비판도 있다. 이것들이 바로 내가 지금 다루려는 것이다.

제 1 절 공동체와 공동체주의

이드(Deborah Eade)는 심지어 존경할 만한 학자들의 '거의 구세주적인 특성들'을 공동체의 개념, 즉 "개입적이고 규범적인 국가 대 자조와 자규의 공동체에 대한 신낭만주의적 개념들이 융성했었다 … '공동체들'

이 기업자본주의의 맹공격에 대한 저항에 있어 단 한 가지 희망이었다" 라는 개념의 덕분으로 돌리는 방식에 대해 비판적이다(Eade, 2000: 11-12).

이러한 낭만주의에는 어느 곳에나 적용되는 세 가지의 내재적 문제가 있다. 첫째, 공동체와 그 동격의 조직은 그 강점이 약점도 될 수 있기 때문에 이를 주장하는 사람들로 인해 종종 무시되는 '어두운 면'이 있다. 둘째, 주장된 공동체의 개념은 사실상 현재 우리가 살아가는 방식이 아니다. 셋째, 우리가 너무나 '공동체'에 많은 것을 요구할 수도 있다.

공동체는 압제적이고 배타적일 수 있는 어두운 면을 가지고 있다.

첫째, 서틀스(Suttles, 1972: 13)가 주장한 것처럼, 공동체는 우리만큼이나 적들로도 정의된다. 즉, "공동체가 존재하기 시작하여 정체성으로 자리잡고 그들의 현실을 지나치게 단순화시키는 일련의 경계를 설정하는 그들의 외교 관계 속에 있다." 홀(Hall, 1995: 54)은 사람들이 수세기 동안 문화나 공동체의 폐쇄성과 배외주의를 적용시킴으로써 정체성(동일성)을 확보하려 했다는 사실을 언급했다.

반면, 테스터(Tester, 1992: 47)는 다음과 같이 말했다. "'우리'를 가능하게 하는 상반되는 '그들'의 정체성이 명백히 있다." 여러 나라에서 종족과 무리의 전투 같은 폐쇄된 공동체들의 발달이 이를 증명하고 있다. 인종주의는 다른 수많은 '주의'처럼 이러한 '어두운 면'의 또 다른 측면인 것이다.

가령, EU의 결속처럼 유럽 요새는 점점 더 외부인들을 반기지 않는 듯하다. 발전에 대해 느끼는 수많은 공동체의 저항은 자신들의 이웃의 목소리를 억압하거나 그들의 재산의 가치를 감소시킬 것이다. 님비(NYMBY) 증후군(지역이기주의)은 가장 취약한 사람들이 가장 취약하고 환경적으로 파괴된 공동체들에 함께 '버려진다'는 것을 확실히 해준다.

심지어 가장 분산된 공동체들조차도 공동의 적이란 존재로 인해 최소한 일시적으로라도 결집될 수 있다. 베버(Max Weber)가 전통적인 공동체 충성의 반정립(대조), 즉 충성과 전통의 고래의 결속으로부터 개인을 해방시키는 반정립으로 시민을 바라본 것도 놀랄 만한 일은 아니다 (Lowndes, 1995: 163).

우리 중 하나가 되는 이익에 보답하기 위해 공동체 구성원들은 순응해야 한다. 공동사회(Gemeinschaft)의 개념은 위계적 · 고정적 보수적인 이유로 수많은 학자로부터 광범위하게 비판을 받아왔다.

많은 19세기 소설이 공동체 규범 밖에 있는 사람들, 특히 여성들이 배척당하고 배제되었다는 사실을 증명해 주고 있다. 공동체주의(communitarianism)에 대한 최근의 비판들은 이것이 특히 여성의 권리에서 취약하고 범죄에 대한 대응이 극히 편협해질 수 있다는 이 두 가지 모두를 논하고 있다 (Henderson & Salmon, 1999: 29, 48).

에이브럼스(Philip Abrams)는 과거의 공동체 네트워크들을 보통국가의 것이라기보다는 부자연스러운 것으로 보았다. 두드러지게도 그는 조밀하게 짜여진 근로계급 공동체란 수사법 뒤의 현실은 종종 극히 압제적일 수 있는 "만성적 집단 박탈, 계급의식, 강력하고 광범위한 혈족 애착"으로 특징지어진다고 주장했다 (Bulmer, 1988: 9). 로센밸런(Rosenvallon, 1995: 207)은 "광범위한 이기주의로의 관대한 사회적 지지" 전통의 전환과 거리가 먼 것을 상기시키며 공동사회(Gemeinschaft)의 개념을 옹호한다. 이는 봉건 제도의 엄격한 결속으로부터 해방되기 위한 도구로 진화된 것이다. 리드비터와 크리스티(Leadbeater & Christie, 1999: 15)는 다음과 같이 주장하며 이러한 분석을 오늘날까지 지속하고 있다.

정착되고 안정적인 공동체들은 혁신, 재능, 독창성, 다양성 및 실험정신의 적들이다. 이들은 종종 외부인들, 반대자들, 젊은 벼락부자들과 이민자들에게는 적대적이다. 공동체는 너무나 빠르게 향수에 대한 표어가 될 수 있다. 즉, 일종의 공동체는 지식 창조의 적이며, 이는 경제적 성장의 원천이 된다.

정치가들, 석학들 및 정책입안자들은 '공동체'에 대해 말하길 좋아한다. 따뜻하고 긍정적으로 들리는 것과 마찬가지로 '공동체'는 기본적 가치에 대한 동의가 생각나게 하는 단어이다.

그러나, 비판론자들은 '사회의 사회적·도덕적 정치적 기반을 떠받치기 위한' 도덕적 목소리로 '공동체'를 사용하는 것에 대해 경고를 하고 있다(Walker, 1995; Warburton, 1998: 16-17). 워버튼(D. Warburton)은 위계적이고 성차별주의적인 의미로 이러한 전통적 기반을 지지하는데 모두가 만족스러워하지는 않는다고 한다.

드라이버와 마텔(Driver & Martell, 1997)은 영국에 분산화하려는 신노동정부의 압박과 그 '한 국가'의 통제경제정책 간의 상당한 긴장이 있다고 주장한다. 이들은 '노동'은 "도의만이 사회적 응집을 달성할 수 있다고 간주하지 않는다는 것에 주의할 필요가 있다"고 한다. 지방 수준에서의 제도적 다원주의조차도 불가피하게 무엇보다 중요한 도덕성이 될 것이라고 가정하는 듯하다.

귓과 샤(Guijt & Shah, 1998b: 1)는 공동체 응집 신화에 대한 너무나 강력한 믿음은 수많은 목소리를 결코 듣지 않으려는 것을 의미할 수도 있다고 경고한다. 즉, '이러한 신화적 응집력'은 "자신들을 공개적으로 표출하는 좀 더 강력한 힘과 능력으로 자신들의 의견과 우선순위들 선호하도록 하는 편견을 숨긴 채 더 많은 참여를 지속적으로 보급한다"라고 주장한다.

공동체주의는 다양한 공동체들이 자신들의 일을 각기 다르게 운영하고자 할 수 있다는 것을 인정한다(Etzioni, 1998). 이러한 차이들이 서로 충돌하지 않으리란 가정을 하는 경향이 그래도 있다.

이는 다양한 범위의 관련 이해들을 조정하는 최소한의 규제 국가를 주장하는 결사체민주주의 옹호자들(Hirst, 1994)로부터 공유되어 온 가정이다. 둘 다 다소 이빨과 발톱이 더 빨간 그리고 방임될 경우 가장 최적의 것이 살아남는 시나리오보다는 다원론자의 선에서 일종의 자연 항상성을 가정하는 시민사회의 공간들을 아우르는 조정의 역할을 과소평가하는 듯하다.

모브레이(Mowbray, 2000: 308)는 공동체 발달에 대한 글에서 여전히 너무나 공통적인 그 가정, 즉 백인노동자들이 지배하는 공동체들이 모두 너무나 당연하다는 것을 상기시키며, 비정부 또는 공동체 기반의 기관들이 정부기관들보다 더 진보적이라는 가정을 거부한다.

각기 다른 신념과 인종을 가진 사람들의 마을이 수년간 얼마나 명백히 평화롭게 공존해 왔는지를 보여 주었던 전 유고슬라비아에서 발생한 사건들은 쉽게 종국에는 분열될 수 있다. 어디서든 발생하는 종족적 종교적 전쟁의 정도(가령, 힌두교도와 무슬림 간, 유태인과 아랍인 간, 가톨릭과 청교도 간, 후투족 대 투치족 간)는 단지 그러한 메시지를 더욱 고착화시킨다.

따라서, '공동체'에 대해 말하기보다는 '공동체들'에 대해 말할 필요가 있으며, 공동체들 내에 존재하는 다양성에 대해 인식할 필요가 있다. 다양한 공동체의 요구는 반드시 양립될 수 있는 것이 아니며 갈등이 발생할 수도 있다. 응집과 공익의 원인이 촉진될 경우, 공동체에 대한 현실적인 평가는 다름의 정치를 인정해야 할 것이며, 공동체들 간에 그리고 공동체들 전반에 걸쳐 연결된 방식에 초점을 맞추어야 할 것이다.

1 현재 우리가 살아가는 방식

두 번째 초점은 공동체 담론에 상당히 함축될 수 있는 일종의 잘 짜인 공동체는 단순히 현재 우리가 살아가는 방식이 아니라는 데에 있다.

많은 저자는 이러한 '잘 짜인 영향력 있는 공동체'가 근대적 그리고 탈근대적 사회에는 적합하지 않다고 주장한다.

팔(Ray Pahl)은 1970년대에 일찍이 "상당한 영향력과 더 많은 선택으로 공동체로부터 사회 관계에 의미있는 장으로서 사회적 네트워크로의 점진적 이동이 있어 왔다"라고 주장했다(Pahl, 1970: 105). 이는 공동체들과 공동체들을 다스리는 규칙들과 권위들 모두의 다양성을 인식케 하는 이익사회(Gesellschaft) 류의 공동체로 이동한다.

그래노베터(Mark Granovetter)와 관련되고 싱크탱크 DEMOS(6 1997a)로 영국에서 최근에 더 영향력이 있는 글에서 공동체의 전통적 개념들과 관련된 강한 결속의 가치에 대해 의문을 제기하고 있다. 고용접근성에 대해 쓴 그래노베터는 강력한 결속이 약한 결속에서의 좀 더 크고 다양한 네크워크에서 더 영향력이 없다고 주장했다(Granovetter, 1973). 경영자들이 조직 내에서 '구조적 틈들'을 이어야 하며 약한 결속들을 통해 경계들을 가로질러야 한다고 쓴 버트(Burt, 1992)는 이와 유사한 개념을 경영에 적용했다. 이는 퍼트남의 사회적 자본의 결속과 교량 간의 구별과 평행하는 것이다.

이는 공동체에 어떠한 의미를 가지는가? 우리 대부분은 아마도 직업, 레저, 관심사, 거주지를 통해 그리고 아이들의 친구 네트워크, 또는 심지어 출퇴근 친구를 통해 다양한 공동체를 가지고 있고, 이는 다른 종류의 관계를 창출한다.

공동체의 결속은 중산계층에게는 협상할 수 있는 일용품이다. 이러한 좀 더 광범위한 경험과 선택할 수 있는 능력은 이들을 지역 상황과 더욱 밀접하게 만들고 지역 활동에 참여하는 데 더욱 확신을 가지게 하며 아마도 삶을 위해 지역을 위해 죄를 짓는 것에 대한 두려움을 덜 느끼게 한다. 또한, 그들은 항상 실수는 뒤로 미룬 채 계속 앞으로 나아갈 수 있다(Pahl, 1970: 103).

웰맨(Wellman, 1979: 1215)은 이러한 '자유로운' 네트워크들 속에서 사람들은 하나의 고립된 그룹의 속박 속에 갇혀 있는 것이 아니라 강하게 연결되지 않은 다양한 사회적 네트워크에 대한 친밀감을 통해 연결된다고 한다. 이러한 약한 결속감은 그들에 의해 만들어질 수 있나는 주장의 측면에서는 한계점을 가질 수 있다. 그러나, 또한 더 강력하고 좀 더 사회적으로 동질적인 결속감을 가질 수 있는 다양한 원천으로 간접적으로 접근할 수 있도록 할 수 있다(Wellman, 1979: 1, 226).

그래노베터(Granovetter, 1973: 1371)는 "우리가 약하게 결속을 가지는 사람들은 우리와 다른 집단에 속해 있을 수 있고, 따라서 우리가 받는 것과 다른 정보에 접근할 것이다"라고 지적했다. 즉, 다양성은 그것이 더 광범위한 기회들과 쟁점들과 문제들에 대한 다양한 관점들에 접근할 수 있도록 해주기 때문에 강점을 가진다. 이는 항상 그러한 경우만이 아닐 것이다.

번스 등(Burns et al., 2001)은 강한 결속감이 보살핌이 필요한 나이든 사람들 또는 자신들만의 정체성을 확립하고자 하는 젊은 사람들에게는 여전히 매우 중요할 수 있다고 주장한다. 그것들은 아마도 우리 사회에서 가장 취약한 사람들에게도 역시 중요할 수 있다.

2 비현실적 기대들

공동체에 기대될 수 있는 것들에는 한계가 있다. 가령, 에이브럼스는 어떠한 종류의 지지를 서로 기대할 수 있는가에 따라 이웃, 친구, 혈족 간의 관계를 구별함으로써 지리적 공동체들 내의 관계들들 풀어 보았다(Bulmer, 1988). 그는 친밀하게 돌보는 것이 후자에 기대되는 유일한 것이리라 주장했다. 이는 아마도 부분적일 것이다. 왜냐하면 혈족 관계는

'연속적인 상호작용'이 자리를 잡을 수 있다는 배경을 제공하기 때문이다. 즉, 제공자가 비록 다른 가족 구성원에게서일지라도 훗날 보상을 받으리라 기대할 수 있는 것을 말한다. 이웃들은 위기 대응과 관례적 일에 관계될 수 있으나 협력과 사생활, 도움과 비간섭, 친목과 거리 간의 이웃관계들에서의 균형 유지의 중요성을 더 오해하기 쉽다(Allan, 1983의 요약).

스코틀랜드에서의 최근의 연구(Burns et al., 2001)는 이러한 결과들을 지지하고 있다. 이웃한다는 것은 주로 연장을 빌린다던가 집을 비운 동안 서로의 집을 봐준다던가 하는 낮은 수준의 친교를 포함하는 상호작용에 주로 국한되었었다. 이웃들은 아기를 돌봐 주기나 돈을 빌리기와 같은 좀 더 친밀한 상호작용으로는 잘 사용하지 않았다.

우리가 공동체에 너무나 과도한 '돌봄'을 기대할 경우, 우리는 또한 너무나 많은 정치적 개입이란 측면을 기대할 수 있을 것이다. 공동체를 새로운 정치적 질서를 위한 기초로 보는 사람들은 자신들을 목표를 달성하기 어렵다는 것을 알게 될 것이다.

이는 대부분의 공동체 구성원들이 자신들의 경계를 벗어난 것들과의 관계에는 관심이 없다는 사실처럼 공동체 간에 갈등이 발생할 수 있기 때문에 그렇게 가능성이 있지는 않다. 뉴욕에서의 성공적인 활동 사례를 설명하면서 스토퍼(Michael Storper)는 다음과 같이 주장한다.

동쪽 마을의 활동가들은 … 그런대로 강할 것이다. 그러나…자신들 지역의 요구가 이동성, 개방성, 세계 시민주의와 같은 다른 모든 종류의 요구들을 원하는 사회에 얼마나 부합되는지를 말해 줄 수는 없다. 이들은 해결하기 어렵게 지역성, 공동체의 보전 등에 맞는 가치들이다.

많은 공동체 활동이 지방적이라면 사실상 다른 방법은 없는가? 남북에서 많은 사람이 이웃 활동을 광범위한 도시나 지역 수준으로 확대하는 데의 어려움을 알고 있다(Storper, 1998: 241).

제 2 절 사회적 자본

인기 있는 망상을 매료시키는 많은 개념처럼, '사회적 자본'은 그 대중성이 나타내는 것보다 더 광범위하게 논쟁되고 있는 용어이다. 그럼에도 불구하고, 공동체주의 분석의 함정을 극복하는 능력을 가진 개념이다. 이는 실패자들을 고려하고 사람들 간의 결속과 관계에 대해 유연하게 이해한다. 이는 경계를 가로질러 더 쉽게 포괄한다. 이는 규범적인 개념이라기보다는 서술적인 개념이 될 수 있다.

이상적으로 이는 공동체를 주장하는 일부의 사람들과 이러한 개념을 사용한 시민사회의 방식으로 대안으로서 주장하는 것보다는 다른 종류의 자본에 대한 보완재인 것이다. 이는 사회의 자본주의 분석들이 남긴 공간을 채울 무한한 잠재성을 가진 개념이다. 퍼트남의 사회적 자본의 결속과 교량 간의 구별은 강한 결속과 약한 결속 간의 구별을 특히 반영하고 '공동체'의 좀 더 정교한 분석 개발에 일종의 수단을 제공한다(Putnam, 1993).

그러나, '일반적으로 사용되는' 개념으로서 이러한 관념의 이점들이 더럽혀졌었다. 규범적 사용으로 그리고 사회적 자본과 통치 간의 연결로 여겨졌던 사회적 자본 방식에 대한 비판이 있었다.

1 불명확성

포리스트와 케언스(Forrest & Kearns, 1999: 20)는 사회적 자본은 '다양한 맥락의 사용이 증가함에 따라' '명확성을 잃는' 경향이 있는 단어라 주장한다. 학자들은 사회적 자본이 개인이나 집단의 특성인지 아닌지에 대해 논쟁하고 있다. 그들은 또한 그것이 관계의 산물인지 또는 관계를 가능하게 하는 무엇, 즉, '인프라 또는 사회 관계의 내용'인지 여부에 대해서도 동의하지 않는다(Woolcock, 1998: 156).

그들은 퍼트남의 유명한 사회적 자본과 결사체 참여에 대한 관념의 명확성에 대해서도 의문점을 제기한다. 가령, 미스탈(Barbara Misztal)은 레비(Levi, 1996: 46)를 인용하면서 퍼트남은 사회적 자본의 생산, 유지 및 성장을 위한 이론은 없고 결국 순환 논법만 나타낸다고 주장한다. 즉, "집단행동의 딜레마를 극복하기 위한 중요한 조건은 사회적 자본 축적의 존재이나 이와 동시에 기존의 결속과 협동을 필요로 하는 호혜주의 규범과 결사체 참여의 네트워크를 조성해야 한다"는 것이다(Misztal, 2000: 121).

또한, 콜먼(Coleman, 1990: 302)은 사회적 자본의 활용은 다음과 같은 결론으로 구체적 환경에 매우 부수적인 것이라 주장한다. 즉, "특정 활동들을 활성화시키는 가치가 있는 사회적 자본의 특정 형태는 쓸모없을 수도 있고 혹은 다른 사람들에게는 위험할 수도 있다." 폴리와 에드워즈(Foley & Edwards, 1999: 151)가 말한 바와 같이 '맥락을 고려하고' '결정적으로 고려하라.'

2 규범적 개념으로서 사회적 자본

사회적 자본에 대한 최근 실험적 작업에서의 종합적 관점에서 폴리와 에드워즈(Foley & Edwards, 1999)는 한편으로 도덕적 윤리적 또는 문화적 가치와 연결시키려는 시도와 다른 한편으로 결사체 참여와 연결시키려는 시도에 대해 비판한다.

이들은 "신뢰와 호혜주의와 같은 태도와 규범의 일반적인 원천도 없고 사회적 자본으로 이해될 수 있는 네트워크들과 결사체들과 같은 사회적 인프라도 없다"는 결론에 이르렀다. 그들은 '공동체'의 '어두운 면'에 대한 초기 비판을 반복하면서 다른 이들이 사회적 자본의 더 부정적인 잠재성을 무시한 것에 대한 비판과 함께 퍼트남의 용어의 규범적 사용을 강도 높게 비판했다.

따라서 맬러니, 스미스와 스토커(Maloney, Smith, & Stoker, 2000: 832)는 사회적 자본에 가치를 두면서 '폐쇄성'의 중요성을 강조한다. 폐쇄성은 참여자들 간의 신뢰할 수 있는 관계를 만들어 내는 효과적인 구속력, 규범 및 기대에 대한 잠재성을 증가시킨다.

그러나 폐쇄성은 또한 배타성을 포함한다. 즉, "그러나 폐쇄성은 이러한 사회적 자본의 원천은 자발적 '외부자'와 공동체 연합은 이용할 수 없다는 것을 의미한다. 내부자 그룹과 외부자 그룹의 유사한 유형이 관찰되었다." 사실, 이러한 원천의 극도의 배타성은 그들의 수용을 증가시킨다(가령, 모교 출신의 결속). 이와 유사하게 센(Amartya Sen)은 높은 수준이 사회적 자본이 가장 요란스러운 목표 이민자들의 지역과 같은 지역으로 나타났다는 연구를 인용했다(Sen, 2001).

폐쇄성은 또한 비밀주의를 이끌 수 있으며, 미스탈은 "우리는 항상 진실을 넘어서 보아야 하고 책임성, 투명성 그리고 호혜적 네트워크의 목표들을 확인해야 한다"라고 경고한다. 네트워크들은 본래 공적이고 투명하기보다는 사적이고 불투명하다. 그들은 밖의 세상에서는 이상한 자신들만의 규범을 만들 수 있다.

즉, 정상적인 체하는 불법적인 활동들과 구성원들이 외부의 도덕적 구속력으로부터 보호받는 것, 전세계에 걸친 정부의 부패 스캔들들은 네트워크의 부정적 잠재성과 과도한 신뢰의 위험성들을 증명해 주고 있다. 미스탈(Misztal, 2000)은 또한 사회적 자본의 일부 유형들은 사회적 침체와 변화에 대한 저항을 가져올 수 있다고 주장한다.

이는 네트워크에 대한 강조와 함께 사회적 자본이 건강성의 경고와 함께 한다는 것을 의미한다. 워커 등(Walker et al., 2000)은 후쿠야마의 다음과 같은 말을 인용했다. 즉, "어떤 사회에서든 사회적 그룹들은 겹쳐지고 서로 서로 가로지르기 때문에, 한 관점에서 사회적 결속이 강한 것처럼 보이는 것은 다른 관점에서는 원자화, 분쟁화, 계급화가 될 수 있다."

마지막으로, 사회적 자본에 대한 비판들은 불가피하게 분포되고 조정된 것 같은 다른 자본의 형태일 수가 있다고 한다(Foley & Edwards 1999: 146). 부르디외(Bourdieu, 1986)의 분석은 사회적 자본은 사회경제적 계층 구별과 불평등을 재생산하는 것 같다는 주장을 한다. 시스템 안으로 들어가고자 하는 사람들 대개 나오려는 경향을 보일 것이다.

3 사회적 자본이 거버넌스를 개선시키는가?

또 다른 비판자들은 퍼트남의 사회적 자본과 거버넌스 간의 연계에 초점을 맞추고 있다. 참여가 감소한다는 그의 가설은 미국(Skocpol, 1996)과 영국(Maloney, Smith, & Stoker, 2000)에서 논쟁이 되고 있다.

비록 퍼트남의 데이터가 다양한 원천에서 유도된 것임에도 불구하고 비판주의자들은 그가 성역할이나 문화적 차이를 간과하고 사람들이 21세기에는 다른 방식으로 참여할 수 있다는 사실을 고려하지 않은 채 구성원과 참여의 전통적 형태들에만 너무 의존했다고 지적한다(Morrow, 1999; Lowndes, 2000). 그는 또한 미국을 비롯한 여러 곳에서의 결사체 참여를 해치는 대규모의 경제적 변화의 역할을 과소평가한 점에서도 비판을 받고 있다(Skocpol, 1996; Tarrow, 1996). 사회적 자본은 나뉘고 산산조각난 경제적 환경에서는 응집될 수 없다.

퍼트남은 사회적 자본이 결사체 참여와 좋은 협치(協治)의 기본이 된다는 유명한 주장을 하나 맬러니, 스미스와 스토커(Maloney, Smith, & Stoker, 2000)는 이러한 관계, 즉 협치와 사회적 자본 간의 상호작용이 주장된 경향에 도전하는 경험적 증거를 제공한다. 선자는 후자에 의해 야기되지 않는다.

폴리와 에드워즈(Foley & Edwards, 1999)와 함께, 다른 경험적 연구들에서 얻은 바, 사회적 자본의 생산은 이러한 구조를 창출하기보다는 정치적 기회구조에 의존한다고 주장된다. 협치는 그러한 경우가 그럴 수 있는 것처럼 사회적 자본이 번영할 수 있는지 없는지의 조건을 만들 수 있다.

따라서 맬러니, 스미스와 스토커(Maloney, Smith, & Stoker, 2000)는 자기 만족을 단념시키고 책임성을 요구함으로써 낮은 수준의 신뢰가 때때로 민주주의의 효과적인 기능을 촉진시킬 수 있다고 주장함으로써 사회적 자본과 협치 간의 퍼트남의 연계에 도전한다.

전체주의 국가들의 맥락에서 심지어 가장 명백히 정치에 무관심한 문화적 조직도 정치적 참여의 장이 될 수 있다는 잠재성을 가졌다. 예를 들어, 문화적 사회들은 중유럽과 동유럽의 일부에서는 공산주의에 대한 저항에서 중요한 곳이었다.

포워레이커와 랜드맨(Foweraker & Landman, 1997: 243)은 극단적으로 단순화된 스포츠 클럽, 합창부 등의 소규모 결사들에서 중심성을 해체시킴으로써 정치적 비판을 확대한다. 그들은 시민사회의 민주적 질은 사회적 동원과 정치적 논쟁으로서 '시민성'과 그다지 관계가 있지 않다는 주장을 한다. 즉, "민주주의는 올바른 행위의 만족된 결과가 아니라 종종 위험하고 어려운 환경 속에서의 오랜 투쟁의 결과인 것이다." 폴리와 에드워즈(Foley & Edwards, 1996: 49)는 다음과 같이 동의했다. 모든 종류의 사회운동조직, 풀뿌리 이해집단, 풀뿌리 정치 결사들은 자신이 인용하기 좋아하는 합창부, 야조관찰클럽, 볼링연합보다 퍼트남의 활동적인 시민인 것 같다는 사실을 찾을 수 있다.

퍼트남은 사회적 자본의 '어두운 면'과 결사체 참여와의 관계 모두에서 비판론자들에 대한 몇 가지 답변을 가지고 있다. 그의 이탈리아 연구에서, 그는 분명히 북부 이탈리아의 '수평적' 사회적 자본과 남부 이탈리아의 '수직적' 사회적 자본을 구별했다. 이는 그의 사회적 자본의 결속과 교량 간의 구별과 관련이 있다.

따라서, 강한 결속(사회적 자본의 결속)은 수직적으로 위계적인 조직들과 관련이 있고, 그 자체로는 결사체 참여와는 관련이 없다. 약한 결속(사회적 자본의 교량)은 사회적 분할을 초월하는 수평적으로 배열된 조직들과 관련이 있고, 그 자체로는 결사체 참여와 관련이 있다. 그는 사회적 자본을 결속시키는 것은 사회적 자본에 대해 전혀 선택 사항이 없으나 '어두운 면'의 문제의 일부를 다룰 수 있는 잠재성으로서 결속과 교량의 혼합을' 바라보았다 (Putnam, 2000: 413).

제 3 절 시민사회

시민사회의 경우, '공동체' 안정이란 다른 측면에서 본질상 서술적인 용어가 규범적 가치를 가질 때 문제가 발생된다. 알렉산더(Alexander, 1998: 14, 16)는 시민사회는 대중적으로 '적법성과 정당성을 위한 격렬한 투쟁들'을 감춘 개념이다. 현대 사회의 하부구조의 복잡하고 분리된 특성은 한결같고, 사회적 통합과 응집의 무엇보다 중요한 원칙으로서 문명의 개념을 오래된 것으로 만든다. 제도적 절차들을 개별화(민영화) 하고 분해하는 그리고 상호적 관습이 뒤처진 이면의 겉모양인 것이다.

시민사회는 개인들이 정체성을 확립하는 포럼이다.

그와 같이, 카스텔스(M. Castells)는 사회에 대한 그 궁극적인 정치적 영향이 근본적인 사회 변화의 출발점이라기보다는 고립되고 퇴보될 수 있다는 점을 강조한다(Whaites, 2000: 138).

시민사회의 우승자들은 사실상 본질인 그 장점들 중 하나로서 다양성을 외친다. 그러나 그들은 현실을 모순되게 하는 조화를 함축한다. 좋은 삶에 대한 수많은 설이 있다는 사실은 코헨과 로저스(Cohen & Rogers, 1992)가 말했던 '파벌의 독'을 이끌어 낼 수 있다. 시민사회는 분열과 다름의 장소가 됨으로써 산산조각이 난다. 이는 해결만큼이나 갈등과 경쟁의 장소이기도 하다. 이 네트워크와 조직늘은 개별주의적이고 방어적이며 갈등적일 수 있다. 이들은 또한 그들 자체의 특정한 일련의 가치들의 촉진시키려는 조직들로서 내재적으로 불안정하며 분열과 파벌을 착취한다. 프리드만(Friedmann, 1998: 29)은 시민사회가 내향적으로 될 때의 결과들을 다음과 같이 인용하며 경고하고 있다. "출생지, 언어, 피부색, 성적 관습 또는 종교적 믿음을 구별하는 자의적 표시로 우리와 다르다고 판단된 사람들에 대한 인종주의, 이민족에 대한 편협, 테러리즘 및 학대의 비극적 연도."

결사들과 네트워크들의 구성원들이 그들의 좋은 사회에 대한 다양한 견해가 맞지 않고 대신 통렬한 분열로 깨어진다는 사실을 발견함에 따라 가치들이 강화될수록 종파주의의 위험이 높아진다. 1994년에 함께 저술 작업을 했던 호게트(Paul Hoggett)는 "세계가 두 개의 분리된 전국동맹이 설립되는 결과로 1970년대 말과 1980년대 초의 영국에서 분열된" 방식을 설명했다(Taylor & Hoggett, 1994: 136). "우리는 주장하기 시작했다. 위험은 특정한 맥락의 것이다 … 상호 조력의 과정은 서로에 대한 상해 과정이 관계된 참가자들의 물질적 이익들을 심각하게 손상시킬 수 있는 규모와 기간인 오래된 반목의 과정으로 단계적으로 바뀔 것이다. 거꾸로, 시민사회 조직들은 자신들의 지위 내에서 무자비하게 의견의 충돌을 억압할 수도 있다.”

고스덴(Gosden, 1973)의 친밀한 사회에 대한 연구와 블랙(Black, 1984)의 길드(guild)에 대한 연구 모두 엄격한 법전과 법류들의 발달이 어디서, 언제 결속력과 비밀과 합쳐져 압제적인 조합이 되는지에 대한 수많은 사례를 제공해 주고 있다.

시민사회의 모성애적 애플파이적(순미국적) 이미지는 카펫 위에서 견고하게 이 모든 것들을 털어내고 있다. 폴리와 에드워즈(Foley & Edwards, 1996: 46)가 논의한 것처럼, 퍼트남은 명확히 활성화되고 참여적인 대중을 원했다. 그리고 그는 시민결사체들에 의해 만들어진 사회화는 참여적인 시민을 만드는 데 매우 중요하다고 주장했다. 그러나 결국 지루하게 연장된 사회·정치적·문화적 갈등의 분열성을 넘어 정신을 주장하는 시민의 초월성을 염원하는 그러한 결사체들만이 자격을 얻게 된다.

왈저(Walzer, 1992)는 방임의 시민사회는 그 조직들 내에, 그리고 그 조직들 간의 철저한 불평등한 권력 관계를 만들어 낸다고 덧붙였다. 조직들 내에서, 알렉산더(Alexander, 1998)는 가령, 시민사회의 제도들을 독재정치의 경향을 가진 본래적으로 깨지기 쉬운 것으로 본다. 그는 배제된 시민들은 동등한 기초에서 자발적 조직으로의 반드시 관계되는 것은 아니라고 했다. 이는 종종 주종 관계가 된다. 1970년대로 돌아가서, 프리먼(Jo Freeman)은 비공식적 그룹에서의 규칙과 위계의 부재가 사실상 자리잡게 되는 권력 관계의 불공정한 방식으로 가장되는 방식을 설명하기 위해 ‘무조직의 압제’란 용어를 만들어 냈다 (Freeman, 1974). 권력은 또한 시민사회의 조직들 간에 불공정하게 분배될 수도 있다.

샤트슈나이더(Chattschneider, 1960: 35)가 우리에게 상기시켜 주었던 것처럼, “다원론자의 천국 안에서의 결함은 천국의 성가대들이 강한 상류층 강세로 노래를 부른다는 것이다.” 이 분석에서 시민사회에서 더 강력하고 더 깊은 조직들이 그리고 더 잘 네트워크가 갖추어진 조직들이 승리를 거두는 것 같다.

시민사회의 미덕에 대한 지나친 강조는 이러한 미덕들이 발달될 수 있는지의 조건들을 창출하는 국가의 역할은 무시한다. 따라서, 신자유주의자들이 국가를 넘어선 시민사회에 특권을 부여하려 하고 시민사회에 적합한 미덕으로의 왜곡된 해석을 보급하려는 반면, 킨(Keane, 1988a)은 시민사회와 국가는 서로의 민주화에 전제 조건이 된다는 주장을 했다. 즉, 둘 다 필요한 것이다. 사실상, 그는 책임을 회피하는 국가의 후퇴에 따른 주변화와 빈곤화의 직접적인 증가를 비난했다(Kean, 1988b: 9). 이와 유사한 논의가 바우만(Zygmunt Bauman)에 의해 제기되었다(Bauman, 1999: 156).

시민사회는 그 자체의 당당함이 있고 성향에 대한 편애가 적다. 국가와 사회를 입증하는 것보다 분리하는 것이 훨씬 어렵다. 정치적 무관심과 시민의 무감정과 국가의 공익 증진을 위한 그 의무의 회피가 시민사회의 불쾌한 그러나 여전히 합법적인 아이들인 것이다.

미스탈(Misztal, 2000)은 시민사회는 의미들과 기대들로 과적된 개념이라고 한다. 이는 (예시 참조, Tester, 1992; Alexander, 1998; Misztal, 2000) 수많은 갈등적 성향을 조정하려 한다. 즉, 보편주의와 개별주의 간, 개인과 집단 간, 공공과 민간 간, 이질성과 균등성 간, 국민과 대리 간, 공식과 비공식 간, 반사작용과 명령 간, 열정과 규칙 간의 성향들을 말한다.

테스터(Tester, 1992)는 최소한 첫 번째 쌍이 양립될 수 없다고 주장하는 반면, 월프(Wolfe, 1992: 311)는 국가 또는 시민사회 어느 한 곳에 대한 의존의 위험성을 강조했다. “보편적 권리들과 확대 모두에 대한 시도는 형식적 절차적 민주주의를 낳는다. 이는 보편적 형식적 규칙들과 제도들 그리고 공산사회주의적 관점…파벌주의와 특권의 조리법으로의 참여를 감소시킨다.”

제 4 절 상호성과 비공식성

마지막으로, 상호성와 비공식성의 한계들에 대해 간략히 언급하겠다. 이러한 원칙들은 안정된 '공동체' 속에서의 수많은 개념을 실증한다. 그러나, 여기서도 역시 이러한 원칙들의 주요 장점도 그들의 약점이 된다는 것이다. 네트워크의 느슨함은 충성의 분열로 귀결되거나 높은 충성심을 보이는 구성원을 잃는다는 것을 의미한다.

가령, 상호부조는 그 구성원들이 공공의 목표를 가질 때 번영하나, 리드비터와 크리스티(Leadbeater & Christie, 1999)는 그들이 구성원 자격이 분산될수록 그들의 이익이 더 다양해지며, 공유된 소속감을 지탱하기가 더욱 어려워져 통치의 상호적 형태만 남게 된다고 지적하고 있다. 무전의 교환 방식에 대한 연구에서 오페와 하인즈(Offe & Heinze, 1992: 167)는 가장 성공적인 사례들이 다소간 잘 짜인 사회집단에 속한 사람들이 소유한 '결속 자본'에 기반하고 크기가 작을 때였다고 한다. “일단 그러한 특정 틀의 한계들까지 닿게 되면, 시작 시기에는 잠재성이었던 사실이 장차 성장의 장애로 바뀌게 된다.” 따라서 상호 관계와 규모, 그리고 형식화 간의 관계를 고려해야 한다.

다른 공동체들 및 다른 종류의 결사들처럼, 상호부조는 배타적이고 내향적일 수 있어서 유연적이고 혁신적인 그들의 능력을 잃게 된다. 상호부조는 또한 번성하기 위해서는 공감적 환경이 필요하다. 스페인, 프랑스, 이탈리아 심지어 스코틀랜드에서 협동조합들의 상대적 성공은 아직 모든 앵글로-색슨 국가들에서 발견되지 않은 사회 투자에 대한 문화와 접근법을 반영한다.

조지프 라운트리(Joseph Rowntree) 재단에서 일하면서 번스(Danny Burns)와 나는 사회적 고립의 문제를 해결할 상호부조와 비공식적 네트워크들의 잠재성을 탐구했다(Burns & Taylor, 1998). 우리는 세 가지의 가능한 공헌을 제시했다.

즉, 비공식성은 좀 더 공식적인 조직들에 의해서는 맞지 않는 요구들에 좀 더 '자연스러운' 방식으로 맞는 방식을 제공한다. 개인의 권능 부여와 참여의 근간을 제공할 수 있다. 또는 요구를 충족하는 대체적 선호적 방식이 될 수 있다. 그러나, 북과 마찬가지로 남에서도 우리가 검토한 연구에서 비공식적 네트워크의 휘발성과 일시성이 배제에 대한 신뢰할 수 있는 해법으로서 작용할 수 있는 능력을 제한한다는 것을 나타냈다(예시 참조. Tungaranza, 1993; Dhesi, 2000, 둘 다 남쪽의 관점을 제공함). 데시(Dhesi, 2000)는 과도한 요구로 네트워크들이 쉽게 압도당하고 사회 체계가 깨질 수 있다고 했다. 비공식적 체계의 공식성은 한 조건에서의 신뢰가 또 다른 조건의 신뢰로 반드시 변화되지지 않음으로써 파괴될 수 있다.

한편, 미셸(Michels, 1915)이 우리에게 상기시켜 준 것처럼, 공식성은 사람들을 서로 멀어지게 한다. "조직은 관계를 결집시키고 그 존속을 깨는 데 매우 중요한 조건이 된다."

일부의 경우에 안전한 망으로서 혹은 후방 방어벽으로서 작용하는 평행한 공식적 체계의 존재 때문에 비공식성이 살아남을 수 있다.

포스터(Foster, 1995)는 감독과 범죄 예방의 비공식적 체계는 좀 더 공식적인 간섭의 지원에 달려 있다고 한다. 다른 경우, 비공식적·공식적 원조 간의 고른 망에 대한 가정은 잘못 인식될 수도 있고, 비공식적 돌봄을 남용할 수도 있고 자조가 그 온전성을 해칠 수도 있다(Hoch & Hemmens, 1987; Wilson, 1995).

마지막으로 공식적 체계들은 비공식적 상조의 방식으로 무시무시한 장벽을 칠 수 있다. 연구 작업에서 나는 동료들(Taylor, Langan, & Hoggett, 1995)과 함께 작업했는데, 한 공동체 시설 관리자가 일생 동안 요리를 하고 아이들을 돌보던 여성 자원봉사자들이 현재 자격증이 필요하고 자원봉사자로서 계속 참여할 수 있는 좀 더 공식적인 환경을 정의해 주는 안전 기준을 제출해야 한다고 탄식했다. 이는 그들이 노인을 위한 점심을 제공하기 때문이었다. 이와 유사한 문제들이 아이들을 서로 돌보아 주는 여성들 간의 관계에서 보고되었다.

제 5 절 논의

'공동체'의 정의는 그들의 목적에 따라 복합적 의미를 가지는 용어로 조작되는 다른 이해들로서 바뀌는 것이다(Purdue et al., 2000: 2).

매케이(Mackey, 1997)는 중요한 정치적 행위자들이 공동체, 시민사회, 그리고 자신들의 목적을 위한 사회적 자본과 같은 용어들을 조작하고 자신들의 정책들을 통해 정체성과 소속감의 특정 의미들을 만든다고 한다. 이러한 용어들은 국가의 힘을 반대하는 사람들에 의해서도 조작될 수 있다. 왜냐하면, 국가가 자신들 자체와 자신들의 덜 가시적인 권력을 위협하기 때문이다. 이들은 정책과 토론을 조명하는 데 중요한 잠재성을 가지는 개념들이나 함축된 통용보다는 훨씬 더 복잡하다.

공동체와 네트워크들은 문제를 해결하기 위해 배타성을 만들어 내는 것 같다. 즉, 너무 과한 신뢰는 부패와 남용을 이끌 수 있다. 또한, 공동체에 의해 생성된 도덕성은 압제당할 수 있다.

그리고 시민사회는 갈등과 불평등으로 찢어진 장소이다. 통용되고 있는 이러한 담론들로부터 행방불명된 단어들—그리고 이는 매력적으로 만드는 것일 수 있다—은 '힘'과 '갈등'이다. 공동체들, 사회적 자본, 시민사회가 다소간 그리고 자율적으로 우리 모두가 속할 수 있는 도덕성을 만들어 낼 것이고 혹은 최소한 공동체 내에서 생성된 도덕성의 각기 다른 견해들이 어느 정도 양립할 수 있다고 가정해 보자. 또한, 공동체 기반의 활동들에서 여성의 지배력의 측면에서 불시에 삭제되어 성별을 무시하는 경향도 보인다(Pateman, 1988; Guijt & Shah, 1998b; Henderson & Salmon, 1998; Lowndes, 2000).

각각이 '공동체' 논의를 넓히는 데 자체 특유의 기여를 함에도 불구하고 이와 유사한 논의들이 인종, 장애 및 기타 형태의 억압과의 관계로 나타날 수 있다.

이러한 경고를 가지고, 워버튼(Warburton, 1998: 18)은 발견되고 밝혀질 현실로서라기보다는 '염원'으로서의 공동체를 설명한다. 이 장이 공동체 '담론'과 관련된 수많은 비판론을 함께 끌어들인 한편, 우리는 공동체, 시민사회, 네트워크, 사회적 자본이란 언어를 포기해야 할 필요는 없다.

이러한 담론의 점차적 보급은 국가와 시장에 대한 이원론적 관념에 대해 상당한 진척이 있었음을 나타내고, 정치적 · 경제적 논의에서 지금까지 무시되어 왔던 관계들의 거대한 경계를 인식하는 것이다.

이 비판이 의도하는 바는 이러한 용어들의 논쟁적 특성과 그들의 복잡성, 그리고 그들의 강점들이 현재 '공동체'를 옹호하는 사람들의 수사 속에서 너무나도 자주 무시되었던 '어두운' 면을 가지고 있다는 사실에 주목하고자 하는 것이다.

그러나 이러한 복잡성과 불안성은 단지 그림의 일부에 불과하다. 그것들은 신뢰와 협력과 호혜성의 결속 네트워크의 신뢰에 대한 단 한 가지의 가능한 결과이며, 이와 같은 방식으로 경화 현상이 있을 수 있으나 위계에 따른 필수불가결한 결과는 아니다. 이러한 개념들 속에서 확인된 약점들은 종종 강점들의 다른 측면이 되며, 사실상 강점들이나 약점들이나 맥락적일 수 있다.

따라서, 개별주의는 다양한 방식으로 부합되는 다양한 요구들을 가능케 하는 네트워크들의 확산에서는 미덕으로 볼 수 있으나 사회가 욕구를 충족하기 위해 비공식적 네트워크들에 의존하는 경우, 그 망 밖으로 밀려나는 많은 사람이 있을 수 있기 때문에 결점으로 볼 수 있다. 분열과 갈등은 이것들이 해묵은 결연과 조직들이 시들어 죽도록 보장하는 한 적절할 수 있으나 사회 변화 달성에 필요한 결속력을 파괴할 경우 부정적일 수 있다.

변화가 발생할 경우, 과거에 그랬던 것처럼 그것들을 무시하고 포기하기보다는 전세계 정부들로부터, 전 세계 주요 금융기관들로부터, 그리고 공동체와 시민사회와 파트너십에 있는 기업들로부터 참여가 필요하다.

그러나, 이러한 참여는 현실적인 것이어야 한다. 정책들의 변화가 관념들의 강점이 되고 함정을 피할 수 있을 경우, 다음에 필요한 것은 공동체와 사회적 자본과 네트워크와 시민사회가 실제로 어떻게 작동하는지를 더 잘 이해하는 것이다. 사회적 고립을 다루는 정책적 사례들에서 가장 뚜렷이 나타난다.

즉, 공동체는 압도적으로 '가난한 자들'을 구제한다. 이 장은 공동체 담론에 대한 광범위한 관점을 가진다. 그러나, 빈곤과 사회적 고립의 끊임없는 도전을 다루는 데 공동체에 대한 관념들이 얼마나 적용될 수 있을까? 변화와 포섭에 새로운 기반을 제공할 수 있는가, 아니면 너무나 단순화되고 뒤처진 분석에 기반을 두고 있는가 하는 것이다.

제 7 장

맺는 말

우리나라의 경우 국가 비전 수립에서 사회적 자본이 중요하게 고려되고 있으며, 이러한 사회적 자본의 확충은 성장 동력 확충, 인적 자원의 고도화, 사회복지 선진화, 능동적 세계화 전략과 함께 5대 전략 과제로 제시되고 있어 그 자체로 중요한 정책 목표이면서 여타 전략 과제들과 중요한 연관 관계를 형성하고 있다.

사회적 자본은 경제적 자본, 인적 자본과는 다르게 실제로 보이지는 않지만 새롭게 부각되고 있는 자본의 형태로 사회 발전의 중요한 원동력으로 인식되고 있는 바 그 중요성에도 불구하고 정책 패러다임에서 경시되어 왔던 분야로 정책 개발에 대한 역사는 매우 일천한 상황이라고 볼 수 있다.

사회적 자본은 사회생활상 각 부문의 발전을 촉진할 수 있는 중요한 자원으로 인식되며, 이를 다양한 분야의 발전에 접목시키려는 노력이 끊임없이 시도되고 있다.

이러한 사회적 자본에 대한 지대한 관심의 폭증은 기본적으로 사회적 자본과 공동체적 삶의 관계에 기초하여 이루어지고 있다. 실질적으로 사회적 자본에 대한 높은 평가를 받고 있는 공동체에서는 경제 발전과 같은 총체적인 복지 수준이 증가되고, 정치기구가 효과적으로 작동되고 있으며, 사회범죄율이 상대적으로 낮고, 비행 청소년이 줄어들고 있으며, 복잡한 사회문제가 줄어들고 있다.

이러한 사회적 자본은 사회구성원이 더불어 살아갈 수 있는 능력을 의미하는 것으로 상호 이익을 도모하기 위한 조정과 행동을 용이하게 해 주는 네트워크, 상호 호혜적 관계 및 사회적 신뢰와 같은 사회조직의 특징과 관련이 크다. 다시 말해, 사회적 자본은 사회구성원들의 바람직한 행동을 유도하여 사회구조의 효율성을 높임과 동시에 사회생활에서 발생하는 다양한 부정적인 모습들을 개선할 수 있는 방편으로 동원될 수 있는 종합적인 사회 재화라고 볼 수 있다.

이러한 맥락에서 볼 때 사회적 자본을 형성하기 위한 노력은 현대 사회에서 절대적으로 요구되는 것으로 이미 사회인으로 활동하고 있는 계층에 대해 새로운 분위기 쇄신을 위한 노력은 상당한 기회비용을 요구하게 되며 현실적으로 많은 어려움을 안고 있는 것이 사실이다.

이에 따라 청소년기에 속해 있는 계층을 대상으로 성장 과정 중에 청소년단체 활동을 적극 장려하여 장래의 사회적 자본을 확충하기 위한 정책적인 노력을 경주하여 성장잠재력을 도모하는 것은 지극히 현실적으로 실현 가능성이 높으며, 이를 통해 미래 사회의 지속적인 발전 가능성을 기대해 볼 수 있다.

1985년 이후 UN을 비롯한 선진 각국에서는 새로운 21세기 지식사회에서 요구되고 있는 사람과 지식을 모든 가치의 최우선적 중심에 두고 새로운 인재를 육성하는 데 주력하고 있다.

이는 장래 사회인으로서 건전한 협력적 사회생활을 영위할 잠재력을 가지고 있는 집단을 대상으로 하여 성장 과정 중에 건전한 청소년 활동, 청소년 복지 증진, 청소년 보호 등을 정책적으로 지원함으로써 미래의 국가 성장잠재력을 증진시키려는 데 그 의미가 크다.

따라서 청소년기에 청소년단체 활동을 통해 사회적 자본을 능동적으로 형성하고 축적·활용할 수 있다는 것은 상대적으로 같은 시기에 청소년단체 활동에 대한 참여 경험이 없는 계층과 비교해 볼 때 그 의미를 더욱 부각시킬 수 있다.

이러한 관점에서 애 책에서는 청소년단체 활동에 참여한 경험이 있는 사람과 참여 경험이 없는 사람들 간의 비교를 통해 사회적 자본의 형성에 어떠한 상관 관계가 있는지를 사회적 신뢰, 상호 호혜적 규범, 네트워크(관계구조), 민주시민 의식에 대한 범주로 구분하여 그 차이를 규명해 보고자 했다.

그 결과로서 사회적 자본 형성을 위해 청소년단체 활동을 주도하고 있는 청소년단체의 역할에 대한 중요성을 부각하여 이들 활동을 적극적으로 지원하고 장려할 수 있는 정책적 제안을 하려고 했다.

청소년 활동은 대부분 자발적인 선택과 참여에 의해 이루어지고 있는데 청소년들이 주도적으로 참여하고, 다양한 역할의 습득이 이루어지며, 사회 참여의 기회를 얻게 되어 사회적 자본의 형성에 중요한 상관 관계가 있게 된다. 즉, 이러한 활동을 통해 형성된 사회적 자본은 장래 청소년이 성인으로 성장하여 건전한 사회활동을 영위하는 데 자립의 가능성을 높여 주고, 선진화된 민주 시민사회에서 수준 높은 사회구성원으로서의 모습을 견지할 수 있다는 점에서 그 의미를 부각시킬 수 있다.

이러한 청소년 활동을 주도하고 있는 대부분의 청소년단체는 민주시민으로서의 자질 향상과 사회적 역량의 개발, 사회 참여 의식의 제고, 상호 호혜적 인간 관계의 형성, 건전한 국가관·가치관의 정립 등 사회적 자본이 의미하는 내용과 상당히 합치되는 목적을 지향하고 있다.

이 책에서는 사회적 자본의 공통적 요소로서 네 가지로 범주화했다. 즉 사회적 신뢰, 상호 호혜적 규범, 관계구조(네트워크), 민주시민 의식이라는 요소를 분석지표로 삼아 접근해 보았다.

첫 번째 범주는 신뢰로서 사회적 자본을 구성하는 가장 본질적인 요소로 개인과 단체 생활, 공공 활동에서의 행태, 태도, 성향에 기초가 되는 개념이다. 또한 가족, 친구, 지역사회 및 기타 자발적 단체, 정부 등은 신뢰를 양산하는 습관과 가치를 배양한다.

두 번째 범주는 상호 호혜적 규범으로서 공동체적 삶을 지향하여 서로 도움을 주고받으며, 공공행위의 문제를 해결하고 지역사회를 결집시키는 역할을 한다.

세 번째 범주는 네트워크로서 지식과 정보의 교환과 조직 활동의 참여에 기여하는 데 네트워크의 형성은 신뢰와 규범의 형성에 영향을 미쳐 사회적 상호작용 및 지식의 교환에 참여하도록 동기를 부여한다.

네 번째 범주는 민주시민 의식으로서 자신의 정치적 의견을 피력하고 있는가와 자신의 이해 관계에 따라 추구하는 정도의 적극성, 사회 규범의 준수 등을 통해 공동체적 삶을 지향하게 한다.

청소년단체의 활동은 크게 청소년 수련 활동, 지도자 연수 활동, 연구 활동, 상담 활동, 지역사회 개발 활동, 자원봉사 활동, 사회교육 및 체육 활동, 국제교류 활동, 홍보 및 출판 활동, 문예·취미 등 여가 활동, 장학 및 포상 활동, 유해환경 민간 감시 활동, 조직 강화 활동을 비롯해 부모, 지역사회 인사, 청소년 지도자를 대상으로 교육 인력 확보를 위한 프로그램 등의 사업을 실시하고 있다.

이 책에서 다룬 청소년단체 현황은 한국청소년단체협의회의 회원단체로 가입되어 있는 서울시 소재와 청소년 가입자 수가 20,000명 이상으로 구성된 청소년단체들에 한정했고, 내용적 측면에서는 이들 단체가 추진하는 다양한 사업들 가운데 이 연구의 취지에 실질적으로 부합되는 주요 사업만을 도출하여 분석해 유형별로 분류해 보았다.

첫째, 사회적 신뢰의 유형에 포함되는 청소년단체의 범주는 자아 실현, 건전한 가치관, 건전한 심신 육성, 정서 순화 등을 함양시키는 것을 목적으로 활동하고 있는 단체를 포함시켰다.

둘째, 상호 호혜적 규범의 유형에 포함되는 청소년단체의 범주는 자원봉사, 동일 문화권의 형성, 공동체 의식, 삶의 질, 원만한 인간 관계 등과 관련한 활동을 하고 있는 단체를 포함시켰다.

셋째, 네트워크 유형에 포함되는 청소년단체의 범주는 국가 발전·지역사회 발전에 이바지, 세계 평화에 기여, 인류 공영, 국위 선양, 국제교류 등과 관련한 활동을 하는 단체를 포함시켰다.

넷째, 민주시민 의식 유형에는 민주주의 확립 기여, 시민 의식 함양, 도덕성 확립을 위한 목적으로 활동하고 있는 단체를 포함시켰다.

다음으로 사회적 자본 형성과 관련되는 신뢰, 상호 호혜적 규범, 관계구조, 민주시민 의식에 대해 청소년기 청소년단체 활동 경험 여부에 따라 그 차이를 비교 분석한 결과를 요약하면 다소 차이는 존재했으나 청소년단체를 경험한 경우가 경험하지 않은 경우보다 사회적 자본 형성과 관련된 세부 요인에 대한 인식이 높은 것으로 나타났다.

이 가운데 신뢰 항목의 국가기관에 대한 신뢰와 민간기관에 대한 신뢰, 상호 호혜적 규범 항목의 타인을 도운 경험과 자원봉사 활동 경험, 관계구조 항목의 모든 변수, 민주시민 의식 항목의 공공 이익 활동 참여 의사에서 나타난 평균 차이는 통계적으로 유의한 것으로 나타났다.

청소년단체의 역할을 활성화시키기 위한 정책적 제언은 첫째, 청소년 활동에 대한 인식의 전환이다. 청소년 활동을 좀 더 적극적인 관점에서 건전한 사회인으로서의 육성을 위한 청소년의 자율적 참여와 성인-청소년들 간의 진정한 상호 교류가 원만하게 이루어지는 것을 전제로 한 청소년 활동(by youth) 또는 청소년에 의한 활동(youth-initiated activity), 그리고 청소년 지원 활동(for youth) 또는 성인에 의한 활동(adult-initiated) 양자를 모두 포괄하여 진행되어야 하는 것으로 인식의 전환이 이루어져야 한다.

둘째, 다양한 프로그램의 개발이 요구된다. 프로그램은 생활 중심의 예방 활동과 청소년의 자율적 활동과 정치적·사회적·문화적 참여를 제도적으로 가능하게 하는 지원 활동이 더욱 폭넓게 전개되어야 하며, 청소년들이 처한 현실과 욕구를 반영하여 다양한 경험을 제공하는 프로그램을 개발하여 합리적으로 운영할 수 있는 분위기가 이루어져야 할 것이다.

셋째, 정부의 재정적 지원 확충이 이루어져야 한다. 청소년단체의 운영상 문제점과 애로 사항은 산적해 있지만 안정된 재원 확보 문제가 가장 심각하다고 할 수 있다. 또한 청소년단체 활동에 참여할 때 학생들이 가장 부담스러워하는 사항 중의 하나가 단체 활동에 참여하는 데 드는 비용 부담의 문제이다. 따라서 청소년들의 단체 활동비나 참가비의 보조가 이루어진다면 더 많은 청소년이 다양한 체험 활동을 경험할 수 있을 것이다.

넷째, 청소년단체를 통한 청소년 활동의 활성화이다. 체계화된 다양한 청소년단체들을 통해 기대하는 다양한 도전과 경험, 양질의 학습과 훈련이 이루어질 수 있고, 이는 청소년들이 성인기에 진입하는 과정에서 신뢰감(자기존중, 숙달과 장래성), 인성(책임감, 영성[spirituality]), 네트워크(안전과 체계, 소속감과 귀속감), 능력(시민적·사회적 능력, 문화적 능력, 신체 건강, 정신 건장, 지적 능력, 직업 능력), 사회적 기여(참여, 권한) 등의 바람직한 성과를 거둘 수 있을 것으로 기대할 수 있다.

참고 문헌

국내 문헌

강대근(1998). 청소년 자율참여와 청소년 활동의 방향. 「21세기 청소년 포럼」. 서울: 한국청소년학회.

곽현근(2005). 지역사회 주민조직 참여의 편익과 비용에 관한 연구. 「한국지방자치학회보」 17(3).

———(2003). 동네 관련 사회자본의 영향 요인에 관한 연구. 「한국사회와 행정연구」 14(3).

구혜정(2002). 사회적 자본을 형성하는 대안적 평생교육 탐색. 고려대학교 대학원 박사학위 논문.

국가청소년위원회(2008). 「2008 아동 · 청소년백서」. 보건복지가족부.

———(2007). 「청소년정책통계집」.

김기찬(2002). 전자적 공급사슬 설계의 고객화 효과: 자동차 산업의 B2B 모델을 중심으로. 「한국마케팅학회보」 17.

김기찬 외(2006). 대 · 중소기업 상생협력의 이론적 모형설계. 중소기업학회.

김남선 · 김만희(2000). 지역공동체와 사회자본과의 관계에 관한 연구. 「지역사회개발학술지」 10(2).

김상묵 외(2001). 지적자본 형성 및 효과. 2001년 한국행정학회 학술세미나 발표논문집.

김상준(2004). 부르디외, 콜만, 퍼트남의 사회적 자본 개념 비판. 「한국사회학」 38(6).

김승현(2008). 사회적 자본의 구성 요소와 상관관계에 관한 연구. 「한국정치학회보」 42(2).

김일태(1999). 21세기 시민사회를 위한 사회적 자본의 필요성과 역할. 「사회적 자본과 시민사회의 발전」. 제13회 대도시행정 세미나 자료.
김지연(2004). 동아리 활동을 통한 고등학생의 주체 형성과 기제. 창원대학교 대학원 박사학위논문.
김태영(2002). 정부-NGO간 파트너십의 정치경제학. 「정부학연구」 8(1).
김태종(2006). 사회적 자본과 국가재정 전략. 사회적 자본의 교육적 형성전략 논의를 위한 세미나(2) 자료집. 한국교육개발원.
김태종 외(2006). 사회적 자본 확충을 위한 기본조사 및 정책연구. KDI 국제정책대학원 연구보고서.
김태준(2003). 「사회적 자본형성의 관점에서 본 시민의식 측정연구」. 한국교육개발원.
김혜란(2001). 사회자본과 여성정책. 2001년 한국행정학회 학술세미나 발표논문집.
나영선 · 이재열 · 한준상 · 이경묵 · 한성안(2005). 「사회적 자본과 인적자원 개발」. 서울: 한국직업능력개발원.
문용린(1992). 청소년 지도의 의미와 중요성. 「청소년지도론」. 서울: 한국청소년개발원.
박상필(2000). 이익집단 갈등과 사회자본: 경실련 한약분쟁 조정사례 연구. 「한국행정학보」 34(2).
박 희(1998). 한국의 사회적 자본과 저신뢰 구조. 「우리사회연구」 제5집.
박희봉(2002). 사회자본이론의 논점과 연구 경향. 「정부학연구」 8(1).
박희봉 · 김명환(2000a). 우리나라 지역사회의 사회자본 증진에 관한 연구: 사회자본 측정과 분석을 위한 시도. 「한국정치학회보」 33(4).
———(2000b). 지역사회 사회자본과 거버넌스 능력: 서울시 서초구와 경기 포천군 주민 인식을 중심으로. 「한국행정학보」 34(4).
박희봉 · 이희창(2005). 삶의 만족에 미치는 영향 요인 비교분석: 경제 · 사회적 요인인가? 사회적 자본 요인인가? 「한국행정논집」 17(3).
박희봉 외(2002). 한국의 신뢰 수준 및 영향 요인: 단체참여 및 개인의 사회 · 경제적 배경과 대인신뢰, 단체신뢰, 대중매체신뢰. 「한국정책학회보」 12(3).
박찬웅(1998). 「신뢰의 위기와 사회적 자본」. 한국사회학회 학술세미나 발표논문집.
백명자(2006). 사회자본의 영향요인 분석: 시민단체(NGO) 참여를 중심으로. 대전대학교 대학원 박사학위 논문.
서순탁(2001). 사회자본 접근방법의 정책적 함의: 도시계획을 중심으로. 「지방자치 · 지방거버넌스 · 지역발전」. 한국행정학회 2001년도 하계학술대회 자료집.

서혜숙(2006). 사회자본과 지역사회 복지서비스 수혜자의 만족에 관한 연구. 동아대학교 대학원 박사학위 논문.
성기환(2004). 재난관리를 위한 민관협력 체제 구축 방안. 서울시립대학교 대학원 박사학위 논문.
소진광(2004a). 사회적 자본의 측정지표에 관한 연구. 「한국지역개발학회지」 16(1).
———(2004b). 사회적 자본 형성을 통한 지방자치와 지역 발전의 연계화 방안. 「지방행정연구」 18(2).
———(1999). 사회적 자본 형성을 위한 지역사회 개발 논리. 「지역사회개발연구」 24(1).
신인순(2005). 프로그램 개발을 위한 새로운 접근법. 「시대 변화에 따른 청소년 단체활동의 방향과 과제」. 한국스카우트연맹 세미나자료집.
안병일(2009a). 청소년단체 참여활동이 사회적 자본 형성에 미치는 영향. 명지대학교 대학원 박사학위 논문.
———(2009b). 청소년단체 활동의 기대효과. 「SCOUTING」. 1+2.
안성호(2004). 「지역정체성과 사회자본」. 서울: 도서출판 다운샘.
오철호(2001). 정보통신기술, 사회자본 그리고 전자민주주의: 하나의 연결 설계. 2001년 한국행정학회 하계학술세미나 발표논문집.
유재원(2000). 사회자본과 자발적 결사체. 「한국정책학회보」 9(3).
유현숙(2004). 여성의 인적·사회적·심리적 자본에 관한 실증연구. 대전대학교 대학원 박사학위 논문.
윤두섭·오승은(2005). 사회적 자본이 지방정부 외부 역량에 미치는 영향: 성남시 사례를 중심으로. 한국행정학회·한국정책학회 공동하계학술세미나 발표자료집.
윤영탁(1998). 「대한민국국회오십년사」. 국회사무처.
이미정(2002). 「사회자본을 통한 공공부문 IT아웃소싱의 조직내-조직간 relationship 개선 방안」. 서울시립대학교 전자정부연구소.
이복희(2009). 「청소년 교육총론」. 서울: 유풍출판사.
이재열(1998). 민주주의, 사회적 자본, 사회적 신뢰. 「계간 사상」.
이창기(2004). 사회자본 형성을 통한 교육공동체 협력 증진 방안. 「한국사회와 행정연구」 15(1).
임승빈(2009). 「정부와 NGO」. 서울: 대영문화사.
———(2006). 「시민사회와 행정」. 서울: 명지대학교.
임승빈·이승종(2005). 지방정부 역량과 자치구의 사회적 자본과의 관계: 서울시 12개 자치구간 비교분석을 중심으로. 「지방행정연구」 19(3).
장수찬(2002). 사회적 수준에서 살펴본 신뢰와 민주주의. 한국NGO 학회 춘계 학술대회.
———(2001). 우리나라 사회자본의 특성과 경제발전. 2001한국정치학회 춘계 학술대회논문집.
장시준(2006). 사회자본의 개념과 교육적 시사점. 「2006 KERIS 이슈리포트」. 한국교육학술정보원 연구 자료.
전명기(2006). 청소년활동론 정립을 위한 시론. 「미래청소년학회지」 3(2).
전성민(2003). 청소년 관(觀)과 패러다임 전환의 모색. 「오늘의 청소년」 7·8월호.
조남억(2008). 청소년 집단활동 참여가 사회적 자본형성 미치는 영향에 관한 구조모형분석. 경기대학교 대학원 박사학위 논문.
조예진(2009). 한국은 호랑이, 미국은 독수리. 「SCOUTING」. 3+4.
주성수(2000a). 사회자본과 시민사회-사회자본에 대한 이해. 새마을운동 30주년 기념 국제심포지엄. 「사회자본과 시민사회」 자료집.
———(2000b). 사회적 자본에 대한 이해. 「ngoZine」. 한양대학교 제3섹터연구소.
차경수(2005). 「한국의 청소년정책」. 서울: 양서원.
최상한(2006). 「미래지향적인 교육정책과 청소년단체 활성화」. 한국청소년단체협의회.
최종렬(2004). 신뢰와 호혜성의 통합의 관점에서 바라본 사회자본. 「한국사회학」 38(6).
최창수(2000). 사회자본의 형성을 위한 지방정부의 역할: 미국의 교훈. 「지방행정연구」 14(1).
한국스카우트연맹(2007). 「스카우트 의식조사 연구」.
한국청소년단체협의회(2010). 「청소년단체총람」. 서울: 도서출판 청협.
———(2002). 「새시대 청소년정책과제」.
———(1998). 「청소년의 자율적인 단체활동 참여 증진」. '98 청소년단체 지도자 워크숍 자료집.
한국청소년학회(1999). 「청소년학총론」. 서울: 양서원.
함병수 외(1992). 청소년단체 육성 방안에 관한 연구. 「한국청소년연구」 9.
홍영란(2006). 「국가발전을 위한 사회적 자본형성 전략 연구」. 서울: 한국교육개발연구원.
황영호·박종관(2004). 충청·호남지역의 사회자본의 실태와 형성전략에 관한 연구. 「한국사회와 행정연구」 14(4).

●···국외 문헌

Adler, P. S. & Kwon Seok-woo (2000). Social Capital: the Good, the Bad, and the Ugly. *Knowledge and Social Capital: Foundations and Applications,* in Eric L. Lesser(ed.), Boston: Burtworth Heinemann.

———(2002). Social Capital: Prospects for a New Concept. *Academy of Management Review*. 27(1).

Alexander, J. (1998). *Real Civil Societies: Dilemmas of Institutionalisation*, London: Sage.

Allan, G. (1983). Informal networks of care: issues raised by Barclay, *British Journal of Social Work*, 13.

Arrow, K. J. (1974). *The Limits of Organization*, New York: W. W. Norton & Co.

Bauman, Z. (1999). *In Search of Politics*, Cambridge: Polity Press.

Ben-Porath, Y. (1980). The F-connection: families, friends, and firms, and the organization of exchange, *Population and Development Review*. 6.

Black, A. (1984). *Guilds and Civil Society in European Thought from the Twelfth Century to the Present*, London: Methien.

Bourdieu, P. (1986). The Forms of Capital, John Richardson (ed.), *Handbook of Theory and Research for the Sociology of Education*. New York: Greenwood Press.

Brehm, J. & Rahn, W. (1997). Individual-Level Evidence for the Causes and Consequences of Social Capital, *American Journal of Political Science*, 41(3).

Bullen P. & Onyx, J. (1997). *Measuring Social Capital in Five Communities in NSW: An Analysis,* Sydney: Centre for Australian Community Organizations and Management. UTS.

Bulmer, M. (1988). *Neighbours: The Work of Philip Abrams*, Cambridge: Cambridge University Press.

Burns, D., Forrest, R., Flint, J., & Kearns, A. (2001). *Empowering Communities: The Impact of Registered Social Landlords on Social Capital.* Research Report 94, Edinburgh: Socttish Homes.

Burns, D. & Taylor, M. (1998). *Mutual Aid and Self-Help: Coping*

Strategies tor Excluded Communities, Bristol: The Policy Press.

Burt, R. (1992). *Structural Holes: The Social Structure of Competition*, Cambridge, MA. Harvard University Press.

Castells, M. (1996). *The Rise of the Network Society*, Oxford: Basil Blackwell.

———(1998). *The Information Age: Economy, Society and Culture*, 3 vols, Oxford: Basil Blackwell.

Cogan, J. J. & Derricott, R. (1998). *Citizenship for the 21st Century: An International Perspective on Education*. London: Kogan Page Limited.

Cohen, J. & Rogers, J.(1992). Secondaty associations and democratic governance, *Politics and Society*, 20.4: 393-472.

Coleman, J. S. (1988). Social Capital in the Creation of Human Capital, *American Journal of Sociology*. Vol.94.

———(1990). *Foundations of Social Theory*. Cambridge, Mass.: Harvard University Press.

———(1997). Social Capital in the Creation of Human Capital, in A. H. Halsey et al. (eds.), *Education: Culture, Economy, Society*, New York: Oxford.

Dhesi, A. S. (2000). Social capital and community development, *Community Development Journal*, 35.3: 199-213.

Driver, S. & Martell, L. (1997). New Labour's Communitarianisms, *Critical Social Policy*, 17.3.

Dyer, J. & Chu, W. (2003). The Role of Trustworthiness in Reducing Transaction Costs and Improving Performance: Empirical Evidence from the United States, Japan, Korea, *Organization Science*, 14(1).

Eade, D. (2000). preface, in Pearce.

Etzioni, A. (1998). *The Essential Communitarian Reader*, Lanham, MD: Rowman & Littlefield.

Foley, M. & Edwards, R. (1999). Is it time to disinvest in social capital? *Journal of Public Policy*, 19.

Forrest, R. & Kearns, A. (1999). *Joined-up Places? Social Cohesion and Neighbourhood Regeneration*, New York: Joseph Rowntree Foundation.

Foster, J. (1995). Informal control and communtiy crime prevention, *British*

Journal of Criminology, 35.4: 563-83.

Foweraker, J. & Landman, T. (1997). *Citizenship Rights and Social Movements: A Comparative and Statistical Analysis*, Oxford: Oxford Unibersity Press.

Freeman, J.(1974). The tyranny of structurelessness, cited in C. Landry, D. Morley, R. Southwood & P. Wright(1985), *What a Way to Run a Railroad: An Analysis of Radical Failure*, London: Comedia.

Friedmann, J. (1998). The new political economy of planning: the rise of civil society, in Douglass & Friedmann.

Fukuyama, F. (1995). *Trust: the Social Virtues and the Creation of Prosperity*. New York: The Free Press.

———(1997). Social Capital and the Modern Capitalist Economy: Creating a High Trust Workplace, *Stern Business Magazine*.

———(1999). *The Great Disruption: Human Nature and the Reconstitution of Social Order*, New York: The Free Press.

———(2004). State-Building: Governance and World Order in the 21st Century, *THACA*, New York: Cornell University Press.

Gosden, P. (1973). *Voluntary Associations in Nineteenth Century Britain*, London: Batsford.

Granovetter, M. (1973). The strength of weak ties, *American Journal of Sociology*, 78.6.

———(1985). Economic action, social structure, and embeddedness, *American Journal of Sociology*, 91.

Grootaert, G. (1998). Social Capital: The Missing Link? Social Captital Initiative, Working paper No.3. The World Bank Social Developrment Family, Development Network.

Guijt, I. & Shah, M. K. (1998). Waking up to power, conflict and process, in Guijt & Shah.

Hall, J. (1995). *Civil Society: Theory, History and Comparison*, Cambridge: Polity Press.

Halpern, D. (2005). *Social Capital*, Cambridge: Polity.

Hanifan, L. J. (1920). *The Community Centre*, Boston: Silver Burdett.

Healey, P. (1992). Planning through debate: the communicative turn in planning theory, *Town Planning Review*, 63(2).

Henderson, P. & Salmon, H. (1998). *Signposts to Local Democracy: Local Governance, Communitaranism and Community Development*, London: Community Development Foundation and Warwick: The Local Government Centre.

Hirst, P. (1994). *Associative Democracy: New Forms of Economic and Social Governance*, London: Polity Press.

Hoch, C. & Hemmens, G. (1987). Linking formal and informal help: Conflict along the continuum of care, *Social Service Review*, September, 432-46.

Innes, J., Gruber, J., Neuman, M. & Thompson, R. (1994). Co-ordination Growth and Environmental Management through Consensus Building, *Report to the California Policy Seminar*, Berkeley: University of California.

Keane, J. (1988a). *Democracy and Civil Society*, London: Verso.

———(1988b). Introduction, in Keane(1998a).

Knack, S. & Keefer, P. (1997). Does Social Capital Have an Economic Payoff?: A Cross-Country Investigation, *The Quarterly Journal of Economics*. November.

Leadbeater, C. & Christie, I. (1999). *Living on Thin Air*, London: Viking.

Levi, M.(1996). Social and unsocial capital, a review essay of Robert Putnam's *Making Democracy Work, Politics and Society*, 24.

Lin, N. (2000). Inequality in Social Capital, *Contemporary Sociology*, 29.

Loury, G. (1977). A dynamic theory of racial income differences, in P. A. Wallace & A. Le Mund (eds), *Women, minorities, and employment discrimination,* Lexington, Mass.: Lexington Books.

Lowndes, V. (1995). *Citizenship and Urban Politics*, in Judge, Stoker & Wolman.

———(2000). Women and social capital: a comment on Hall's "Social Capital in Britain," *British Journal of Political Science*, 30: 533-40.

MacDuffie. J. P. (2006). Collaboration in Supply Chains: With and Without Trust, *International Conference for Large and Small Business Cooperation.*

Mackey, E. (1997). The cultural politics of popilism: celebrating Canadian national identity, in Shore & Wright.

Maloney, W., Smith, G. & Stoker, G. (2000). Social capital and urban governance: adding a more contextualised "top-down perspective," *Political Studies*, 48, 823-41.

Marx, Karl(1977). *Capital: A Critqne of Political Ecmony*, Vol. I, Progress Publishers Moscow.

Michels, R.(1915; reprinted 1962). *Political Parties*, New York: Free Press.

Michnik, A. (1985). *Letters from Prison and other Essays*, Berkeley; University of California Press.

Minkoff, D. C. (1997). Producing Social Capital: National Social Movements and Civil Society, *American Behavioral Scientist,* Vol.40. No.5.

Misztal, B. (2000). *Informality: Social Theory and Contemporary Practice*, London: Routledge.

Morrow, V.(1999). Conceptualising social capital in relation to the well-being of children and young people: a critical review, *The Sociological Review*, 47.4: 744-65.

Mowbray, M. (2000). Commentaty on *Community Development Journal* Special Issus "Community Development in Canada," *Community Development Journal*, 35.3.

Nahapiet, J. & Ghoshal, S. (1998). Social Capital, Intellectual Capital and the Organizational Advantage, *Academy of Management Review*, 23(2).

Newton, K. (1997). Social Capital and Democracy, *American Behavioral Scientist*. 40(5).

———(1999). Social Capital and Democracy in Modern Europe, in Jan W. van Deth, Macro Maraffi, Kenneth Newton & Paul F. Whiteley(eds.), *Social Capital and European Democracy*. London: Routledge.

North, D. C. (1990). *Institutions, Institutional Change and Economic Performance*. New York: Cambridge University Press.

Nunally, J. C. (1978). *Psychometric Theory*. New York: McGraw-Hill.

Offe, C. & Heinze, R. (1992). *Beyond Employment*, Cambridge: Poloty Press.

Olson, M. (1982). *The Rise and Decline of Nations: Economic Growth,*

Stagflation, and Social Rigidities. New Haven: Yale University Press.

Pahl, R. (1970). *Patterns of Urban Life*, London: Longman.

Pateman, C. (1988). The fraternal social contract, in J. Keane(ed), *Civil Society and the State: New European Perspectives*, London: Verso.

Pittman, K. J. (2002). What Youth Need: Services, Supports and Opportunities Ingredients for Youth. Presentation at the White House Conference on Teenagers.

Portes, A. (1998). Social Capital: Its Origines and Applications in Modern Sociology, *Annual Review of Sociology*, 22.

Purdue, D., Razzaque, K., Hambleton, R., Stewart, M. with Huxham, C. & Vangen, S. (2000). *Community Leadership in Area Regeneration*, Bristol: The Policy Press.

Putnam, R. D. (1993a). The Prosperous Community: Social Capital and Public Life, *American Prospect*, 13.

———(1993b). *Making Democracy Work*, Princeton, NJ: Princeton University Press.

———(1994). *Making Democracy Work*; 안청시 외 역(2000). 「사회적 자본과 민주주의」. 서울: 박영사.

———(1995). Tuning in, Tuning out: The Strange Disappearance of Social Capital in America, *PS*(December).

———(2000). *Bowling Alone: The Collapse and Revival of American Community*, New York: Simon & Schuster.

Putnam, R. D. with Leonardi, R. & Naneffi, R. (1993). *Making Democracy Work: Civic Traditions in Modern Italy,* Princeton N. J.: Princeton University Press.

Ring, P. S. & Van de Ven, A. H. (1992). Structuring Cooperative Relationships between Organizations, *Strategic Management Journal,* 13(7).

Rosenvallon, P. (1995). *The Decline of Social Visibility*, in J. Keane, *Civil Society and the State*, Londoni: Verso.

Sako, M. (1998). Does Trust Improve Business Performance?, in C. Lane & R. Bachman(eds.), *Trust Within and Between Organization-Conceptual Issues and Empirical Applications*, Oxford: Oxford

University Press.

Sen, A. (2001). Lecture given at the Brighton Festival, Brighton, UK, May.

Seragedin, I. & Grootaert, C. (2000). Defining Social Capital: An Integrating View, in Partha Dasgupta & I. Seragedin (eds.), *Social Capital: A Multifaceted Perspective,* Washington, D. C.: The World Bank.

Shaw, T. M. (1990). Popular Participation in Non-Governmental Structures in Africa: Implications for Democratic Development, *Africa Today.*

Skocpol, T.(1996). Unravelling from above, *The American Prospect*, 25: 20-5.

Stolle D. & Rochon, T. R. (1998). Are all Associations alike? Memnber Diversity, Associational Type, and Creation of Social Capital: *The Anerican Behavioral Scientist*, 42(1).

Storper, M. (1998). Civil society: three ways into a problem, in Douglass & Friedmann.

Suttles, G. (1972). *The Social Construction of Conmunity*, Chicago, IL: University of Chicago Press.

Tarrow, S. (1996). Making social science work across time and space: a critical reflection on Robert Putnam's *Making Democracy Work, American Political Science Review*, 90.2: 389-97.

Taylor, M. & Hoggett, P. (1994). Trusting in networks? The third sector and welfare changes, in I. Vidal(eds), *Delivering Welfare*, Barcelona: Centerd' Iniciatives de I' Economia Social.

Taylor, M., Langan, J. & Hoggett, P. (1995). *Encouraging Diversity: Voluntary and Private Organisations in Community Care.* Aldershot: Arena.

Tester, K. (1992). *Civil Society*, London: Routledge.

Tocqueville, A.(1984). *Democracy in America*, ed, R. D. Heffner, New York: Penguin.

Tungaranza, F. (1993). Social networks and social care in transition, *Social Polocy and Administration*, 27.2.

Van de Ven, Andrew H. & Ferry, Diane L. (1980). *Measuring and Assessing Organizations*, New York: John Wiley & Sons.

Walker, M. (1995). Community Spirit, *The Guardian*, 13 March.

Walker, P., Lewis, J., Lingayah, S. & Sommer, F.(2000). *Prove It! Measuring the Effect of Neighbourhood Renewal on Local People*, London: New Economics Foundation.

Walzer, M. (1992). The civil society argument, in Mouffe.

Warburton, F. (1998). A passionate dialogue: community and sustainable development, in D. Warburton(ed.), *Community and Sustainable Development: Particpation in the Future*, London: Earthscan.

Wellman, B. (1979). The community question: the intimate networks of East Yorkers, *American Jorenal of Sociology*, 84.5.

Whaites, A. (2000). Let's get civil society straight: NGOs, the state and political theory, in Pearce.

Whiteley, P. F. (1999). The Origins of Social Capital. Social Capital and Democracy in Modern Europe, in Jan W. van Deth, Macro Maraffi, Kenneth Newton & Paul F. Whiteley(eds.), *Social Capital and European Democracy,* London: Routledge.

Wilson, J. (1995). *Two Worlds: Self-help Groups and Professionals*, Birmingham: British Association of Social Workers.

Wolfe, A. (1992). Democracy versus sociology: Boundaries and their sociological consequences, in M. Lamont & M. Foutnier(eds), *Cultivating Differences: Symbolic Boundaries and the Making of Inequality*, Chicago, IL: University of Chicago Press.

Wolpert, J. (1993). Applying the National Taxonomy of Exempt Entities: Geographical Profiles, *Voluntas*.

Woolcock, M. (1998). Social capital and economic development, *Theory and Society*, 27.2: 151-207.

———(1999). Social Capital: The State of the Notion, paper presented at a multidisciplinary seminar on *Social Capital: Global and Local Perspectives*, Helsinki. April 15.

World Bank (1998). The Initiative on the defining, monitoring and measuring Social capital text of proposals approved for funding, *Environmentally and Socially Sustainable Development Network, Social Capital Initiative*, Working Paper no.2, June.

Zuker, L. (1986). Production of Trust: Institutional Sources of Economic Structure, 1840-1920, *Research in Organizational Behavior,* 8.

●··· 인터넷 참고 자료 웹사이트

- 한국청소년단체협의회, http://www.ncyok.or.kr
- 한국스카우트연맹, http://www.scout.or.kr
- 한국청소년연맹, http://www.koya.or.kr
- 대한적십자사청소년적십자, http://rcy.redcross.or.kr
- 한국걸스카우트연맹, http://www.girlscout.or.kr
- 한사랑청소년광장, http://www.hansarang.or.kr
- 세계도덕재무장한국본부, http://www.mrakorea.or.kr
- 한국 4-H본부, http://www.korea4-h.or.kr
- 한국로타리청소년연합, http://www.rotarykorea.org
- 국민독서문화진흥회, http://www.readingnet.or.kr
- 파라미타청소년협회, http://www.paramita.or.kr
- 한국환경청소년연맹, http://www.knature.or.kr
- 청소년을 위한 내일 여성센터, http://www.tacteen.net
- 한그루녹색회, http://www.greencause.or.kr
- 한국청소년복지진흥회, http://www.kawpy.org
- 남북청소년교류연맹, http://www.kyif.co.kr
- 한국해양소년단연맹 http://www.sekh.or.kr

찾아보기

ㅊ

ㅋ

ㅌ

ㅍ

ㅎ

저자 소개

안병일(安炳日)

• 충남 태안 출생(1962년)
• 홍성고, 명지대학교 행정학박사
• 한국스카우트 서울남부연맹 사무처장

《경력》

- **대학**

• 아주대학교 공공정책대학원 외래교수
• 국제문화대학원대학교 겸임교수
• 명지대학교 행정학과 강사, 객원교수
• 명지대학교 행정학과 교육조교
• 전주대학교 사회복지학과 연구조교

- **학회**

• 한국행정학회 이사
• 한국정책과학학회 이사
• 한국지역정보화학회 위원
• 한국지역개발자치학회 상임연구원
• 한국지역개발학회 연구원

- **대외기관**

• 일본 후쿠시마현 친선대사
• 법무부 갱생보호위원회 위원

• 서울문창초등학교 운영위원회 위원장
• 서울특별시 청소년단체협의회 회장
• 서울특별시학교보건진흥원 등 연수강사

- **포상**
• 대통령 표창(2011년)
• 문화관광부 장관 표창(2002년, 2004년)
• 일본보이스카우트 이누와시장(いぬわし章)(2009년)
• 일본 후쿠시마현 관광물산교류협회 표창(2009년)
• 한국스카우트연맹 무궁화금장(2012년)

《주요 논문 및 저서》
• 조선왕조의 선전관청에 관한 연구(전주대학교)
• 일본의 지역정책에 관한 연구(전주대학교)
• 청소년단체 참여활동이 사회적 자본 형성에 미치는 영향(명지대학교)
• 조선왕조의 인사행정에 관한 소고(한국행정학보) 등
• 지역사회와 행정, 명지대학교

사회적 자본과 청소년 NGO

펴낸날 / 제1판 제1쇄 2013년 1월 5일
지은이 / 안병일
펴낸이 / 임춘환
펴낸곳 / 도서출판 대영문화사
주소 / 서울 용산구 청파동 1가 178-2 ㊝ 140-869
등록 / 1975년 12월 26일 제3-16호
전화 / (02)716-3883, (02)714-3062
FAX / (02)703-3839
홈페이지 / http://www.dymbook.co.kr

ISBN 978-89-7644-418-9

〔값 10,000원〕